LA FEMME ET SON OMBRE

Silvia Di Lorenzo

LA FEMME ET SON OMBRE

Le masculin et le féminin dans la femme d'aujourd'hui

Présentation de Marie-Louise von Franz

Traduction de l'italien
de Geneviève de Rougemont

Albin Michel

Collection « Bibliothèque jungienne »
dirigée par Michel Cazenave

Titre original :
LA DONNA E LA SUA OMBRA

Edition française publiée avec l'accord
de l'Agenzia Letteraria Eulama

Traduction française :

22, rue Huyghens 75014 Paris

ISBN : 2-226-09237-4

à mes enfants

PRÉSENTATION

En 1959, dans le film *Hiroshima mon amour*, le conflit de l'Histoire est ainsi formulé : ou ce sont les amants qui se rencontrent, ou c'est la bombe atomique qui explose. Cela est vrai dans un sens psychologique : notre siècle manque surtout d'Éros. Pas dans un sens superficiel, mais dans le sens que nous ne pouvons pas aimer et supporter l'autre *tel qu'il est :* notre complexe de pouvoir veut toujours le changer. Les tensions sont devenues énormes, surtout entre la femme et l'homme.

La relation des sexes a toujours été réglée par des normes sociologiques, différentes formes de mariage, etc. Aujourd'hui, pour la première fois, nous nous rencontrons « libres » et nous ne découvrons pas seulement de l'amour, mais aussi beaucoup de tensions et d'hostilité. En exposant le problème de l'*Animus* et de l'*Anima*, mon amie et collègue Silvia Di Lorenzo apporte une contribution approfondie et très utile à ce problème si urgent. Elle ne fait pas seulement de la théorie, tout ce qu'elle écrit est vécu. La question femme-homme est bien souvent d'actualité, mais on reste la plupart du temps on reste à la surface, sans se soucier d'éclairer le fond. Jadis, ce fond était le domaine des dieux, ou des démons. Nous savons maintenant que ces dieux et ces démons se trouvent en nous-mêmes. Tout grand amour franchit les limites de ce domaine, et le livre de Silvia Di Lorenzo nous offre un guide qui peut nous aider à ne pas nous y perdre.

L'auteur s'attache surtout au problème de la femme aujourd'hui, qui, si elle trouve dans le féminisme, et grâce à lui, une nouvelle liberté, rencontre aussi encore plus de difficultés et de conflits. Je crois que beaucoup de femmes savent que c'est à elles de trouver une nouvelle forme d'Eros, et que celle-ci pourrait même être une des solutions inattendues à nos grands problèmes actuels, qui ne sont discutés et combattus que par le pouvoir et la brutalité.

Marie-Louise von Franz

INTRODUCTION

Parler du masculin et du féminin dans la femme d'aujourd'hui, à un moment où le problème de la femme est ressenti avec une acuité particulière, se veut une tentative de mettre en lumière quelques aspects essentiels de sa psychologie, et de lui rendre la possibilité de vivre de façon plus authentique et plus complète, au-delà des images et des rôles fixés par notre culture.

Les hommes et les femmes vivent actuellement le problème de la femme avec beaucoup d'angoisse, de doutes et de conflits. La femme tend à changer, à chercher de nouvelles formes d'expression et de réalisation, mettant ainsi en péril les anciens rôles et valeurs que la tradition lui imposait et qui permettaient de maintenir d'elle une image assez précise, claire et donc rassurante.

Le profond malaise qu'elle ressent maintenant, qui atteint un niveau dramatique, où résonnent des conflits assez souvent inconscients, reflète l'incapacité où elle se trouve de se reconnaître dans son image traditionnelle. La femme se cherche, mais elle est désorientée par sa réalité psychologique et existentielle, qui est *comme elle est*, et non *comme elle devrait être*. Son besoin de se libérer d'une maternité qui lui est imposée comme un destin inévitable joue un rôle prédominant dans ce désarroi : la lutte pour l'avortement libre est l'expression la plus évidente de ce besoin d'exister en tant que *personne*, porteuse de sens et de valeurs qui ne sont pas réductibles à sa physiologie naturelle.

Quand Jung dit que, pour le fils adulte, la société des hommes prend la place du père, et la famille celle de la mère[1], il exprime là une vérité collective indéniable et conventionnellement acceptée : la société, la culture, la découverte du monde (« l'extérieur ») sont le domaine d'expérience et de réalisation de l'homme, tandis que la famille, avec ses valeurs de nutrition, de protection, de chaleur affective (« l'intérieur ») est le royaume de la femme.

Mais aujourd'hui elle refuse de considérer « l'intérieur » comme son unique possibilité d'expression et de réalisation. Elle veut sortir de la « prison familiale » et participer aux affaires des hommes, et c'est ainsi qu'émerge à la lumière une composante de la psyché féminine, que notre culture patriarcale n'avait jamais prise en considération.

En étudiant la psychologie de l'homme et de la femme, Jung a découvert l'existence d'une composante féminine dans l'inconscient de l'homme et d'une composante masculine dans l'inconscient de la femme. Il a appelé *Anima* et *Animus* ces manifestations psychiques de l'*autre*, du *différent*, visant à compenser et compléter le monde et les orientations de la conscience. Masculin et féminin coexistent dans l'homme comme dans la femme : du reste cela est vrai même de leur constitution physique puisqu'ils contiennent tous deux une minorité de gènes de l'autre sexe[2].

Tout être humain naît de deux personnes de sexes opposés et a besoin d'avoir une relation avec l'un et l'autre pour pouvoir structurer et développer les deux pôles opposés de sa psyché : le principe masculin d'origine paternelle, le *Logos*, monde des valeurs et des intérêts objectifs, et le principe féminin d'origine maternelle, l'*Eros*, monde des valeurs et des intérêts subjectifs.

L'*Anima* du fils correspond à l'*Eros* maternel, l'*Animus* de la fille correspond au *Logos* paternel. En d'autres termes, la personnalité féminine est compensée par un inconscient de signe masculin, et la personnalité masculine est compensée par un inconscient de signe féminin. L'*Anima* donne à la conscience de l'homme la possibilité d'établir des relations affectives et amoureuses, l'*Animus* donne à la conscience de la femme la capacité de réflexion, de décision, de connaissance de soi. Ainsi la femme se trouve pour la première fois sur un plan d'égalité avec l'homme, et le fait d'être « différente » ne risque plus d'être interprété comme une « infériorité constitutionnelle » engendrant dépendance et incapacité d'autonomie. Les exigences et les orientations actuelles de la femme font apparaître le problème de l'*Animus* en tant que composante masculine de sa personnalité, qui tend à se donner des intérêts objectifs, fait des choix d'ordre intellectuel, scientifique, politique et social, bref cherche des possibilités de vie qui ne soient pas exclusivement basées sur le monde des relations et du sentiment.

Dans la présente étude, j'ai voulu indiquer quelques perspectives de développement de la femme, dans lequel son homme intérieur joue un rôle de premier plan, avec les risques que cela implique, notamment de dévaluation, voire de négation de sa féminité. La difficulté de s'exprimer et de réaliser une nouvelle conscience féminine dans une société régie par des valeurs masculines, de « faire de la politique » et de « créer une culture » dans un monde où la politique, la culture et l'histoire ont toujours été faits par des hommes, se voit clairement dans les mouvements féministes.

Le risque principal que court la femme aujourd'hui est de se flatter de proposer de nouveaux modèles sans se rendre compte qu'elle se perd elle-même de vue et tente de se réaliser dans une imitation inconsciente de la façon de penser et de voir les choses de l'homme. Ce danger correspond, psychologiquement, à un état d'identification avec l'*Animus*, où le moi féminin subit l'autorité de sa contrepartie masculine, inconsciente, qui se caractérise très souvent par nombre de valeurs absolues, indiscutables, jamais soumises à la critique ni à la réflexion de sa conscience. D'où certaines attitudes trop rigides des féministes qui, bien qu'ayant fondamentalement raison, peuvent donner l'impression d'avoir tort quand elles soutiennent leurs thèses et leurs points de vue de façon dogmatique et presque fanatique, se montrant incapables de les mettre en cause lorsqu'elles discutent avec des interlocuteurs qui ont des idées et des expériences différentes. La conséquence la plus immédiate de cet état de choses a été le séparatisme des féministes, qui ont évité la confrontation avec les hommes, affirmant qu'il est impossible de discuter avec eux. Il s'agit peut-être là d'une phase de crise, qui serait en même temps une étape nécessaire à la femme pour se chercher sans être continuellement poussée à projeter sur l'extérieur son propre « interlocuteur-opposant » masculin. Par ailleurs, les revues féminines continuent de suggérer aux femmes les divers comportements propres à attirer l'homme. Puisqu'on parle tant à notre époque de la personnalité féminine, la femme d'aujourd'hui se doit d'être surtout « intéressante », avec toutefois cette réserve immédiate : « peut-être pas vraiment un génie, mais intéressante ». Et que signifie « être intéressante » ? Satisfaire le besoin de l'homme de faire une conquête valorisante.

Naturellement, il ne faut jamais « montrer » ses dons intellectuels, mais les maintenir un peu dans la brume, le mystère, l'imprécis, dans un climat qui suscite l'admiration sans jamais provoquer la rivalité. Si on a des problèmes, on ferait bien de les garder pour soi, car sinon l'homme risquerait de se sentir mal à l'aise, ou coupable, et de s'éloigner. « La femme qui a des problèmes est une antagoniste à qui l'homme ne réussit pas à tenir tête, tandis que la femme vulnérable conquiert son cœur. Une femme ne devrait jamais être autosuffisante au point de sembler n'avoir pas besoin de lui[3]. » Si elle a mal à la tête et n'a pas envie de faire l'amour avec son partenaire, elle doit le dire avec gentillesse et tact et ne pas manquer de lui sauter au cou dès qu'elle se sentira mieux. Il n'est peut-être pas inutile de réfléchir sur ces règles de séduction, au lieu de les rejeter *a priori* comme ridicules et absurdes. Malheureusement, il est vrai que l'homme peut vivre de façon conflictuelle les capacités intellectuelles et créatrices d'une femme : souvent, s'il estime trop une femme, il ne peut l'aimer, alors que pour la femme c'est justement le contraire. Elle peut tomber amoureuse d'un homme précisément parce qu'elle l'estime. Elle n'a aucune difficulté à apprendre quelque chose de l'homme qu'elle aime, au contraire elle est contente de recevoir de lui un enrichissement culturel et spirituel. Pour l'homme, en revanche, cela peut être un obstacle assez grave ; à moins qu'il n'ait une indépendance de jugement supérieure à la moyenne, il doit faire un effort considérable pour accepter que sa femme lui apprenne quelque chose : il se sent comme « délogé » de son propre rôle, de sa position d'autorité dans le domaine des valeurs du *Logos.* Il semble que la femme aujourd'hui puisse, doive même, être intéressante, mais pas « géniale », c'est-à-dire pas créatrice, sinon elle risque de perdre son charme et la possibilité d'être aimée. Les revues féminines tentent d'offrir une solution de compromis qui ne résout pas du tout le problème de fond.

On dirait qu'à peine la femme cherche à se retrouver en tant que personne, qu'être « pensant », sa tentative doive être immédiatement récupérée à des fins masculines, devenant l'instrument qui lui permet de nouveau de *plaire* au lieu d'*être.* Même son esprit doit plaire à l'homme, il ne suffit pas que son corps le fasse. Il semble que la femme soit condamnée à ne pas être aimée, et donc à renoncer à son principe le plus vital, le monde de l'*Eros* et des relations, si elle désire se réaliser et être elle-même. Il semble que même quand la femme refuse aujourd'hui de considérer le vieux modèle de la beauté physique et de la valorisation esthétique de son image comme le premier moyen, dont elle est obligée de tenir compte, de communication et de relation avec le sexe opposé, elle doive quand même adapter sa personnalité et ses capacités intellectuelles aux désirs et exigences de l'homme.

De tout temps l'homme a été estimé et admiré pour ce qu'il savait faire, ou penser, non pour sa beauté. Il pouvait aussi avoir un beau corps, mais alors son corps devait être capable de prouver sa force, son habileté, sa dextérité, il devait *savoir faire quelque chose.* La beauté inactive et exclusivement esthétique de Pâris a toujours suscité les railleries à cause de son affinité avec l'image féminine. Dans l'Antiquité classique, les Grecs et les Romains entraînaient leur corps à réaliser des exploits apportant l'estime et la gloire, et ils en exploitaient les possibilités au maximum, dans les exercices gymniques, dans les compétitions, dans les batailles.

Par contre, la femme a toujours dû offrir une belle image, considérée comme une fin en soi : même maintenant ses valeurs intérieures, à peine redécouvertes, devraient être toujours seulement *belles et plaisantes,* perpétuant l'ancien modèle d'esthétisme qui, dans son unilatéralité, contredit la réalité et va à l'encontre de la nature et le dynamisme de la vie.

La vie est tout à la fois belle et laide, elle a des côtés agréables et merveilleux, mais aussi des aspects déplaisants, horribles, répugnants. Celui qui jouit d'une saine vitalité instinctive dira que la vie est toujours intéressante mais certainement pas toujours belle et agréable. Il me semble qu'aujourd'hui le conflit principal de la femme se trouve dans son besoin pressant de réaliser son homme intérieur, sans pour autant perdre ou dévaluer le côté féminin de sa vie consciente. Il est vrai que le principe vital de la conscience féminine est l'*Eros* qui, en tant que dimension de la relation et du sentiment, peut présenter le risque de dépendance de l'autre (ou des autres) et entrer ainsi en conflit avec l'exigence de la femme, éveillée par l'*Animus,* de rester fidèle à elle-même et de sauvegarder son indépendance d'esprit et sa liberté de décision.

« Savoir ce que l'on veut et faire le nécessaire pour atteindre le but [4] », en d'autres termes intégrer les contenus de l'*Animus,* qui permettent le développement et la réalisation de la personnalité féminine, exige des qualités morales considérables de force, de courage et d'esprit d'initiative, en sus du sacrifice d'une partie de sa beauté physique et mentale en tant que modèle collectif de séduction.

Le masculin et le féminin ont toujours été les deux polarités dialectiques essentielles de la vie : à l'extérieur, dans le rapport entre l'homme et la femme, de la fécondité duquel dépend la conservation de l'espèce, et à l'intérieur, en tant que tension dynamique entre les opposés, le *Logos* et l'*Eros*, qui détermine l'évolution transformatrice de la personnalité en donnant naissance à une nouvelle synthèse, laquelle n'est jamais le résultat de la thèse et de l'antithèse dont elle est issue, mais le fruit inconnu et insoupçonné de leur rencontre.

1.

Le problème de l'autonomie de la femme dans la société occidentale : *Animus* et féminisme

Jamais comme aujourd'hui la femme n'avait été obligée de faire face aux problèmes de l'*Animus* et à ses pouvoirs, positifs et négatifs. A présent, on parle beaucoup de la condition de la femme, de ses problèmes, de ses aspirations, de ses efforts pour se réaliser et donner un sens à sa vie, au-delà des rôles traditionnels de femme, mère, objet sexuel. En fait, de nos jours, la femme se cherche, veut comprendre qui elle est réellement, essaye de s'exprimer de façon autonome, et de faire quelque chose en son propre nom. Dans tout cela l'*Animus* joue un rôle de premier plan. Mais comme celui-ci, à l'état de nature, est un complexe autonome, il arrive souvent que, précisément lorsque la femme s'efforce d'atteindre à l'autonomie spirituelle et lutte pour sa propre libération, elle finisse par dépendre d'un *Animus* qui acquiert du pouvoir à son insu et l'utilise contre elle-même.

Le premier danger dans ce sens est que la femme cède trop souvent à la tentation d'attribuer à l'homme toute la responsabilité de sa propre infériorité et dépendance. Elle en vient ainsi à nier ses propres côtés faibles et inférieurs, c'est-à-dire sa propre *Ombre* qui, tombant dans l'inconscient, contamine l'*Animus*.

Dans le féminisme, ce mélange de l'*Animus* et de l'*Ombre*

est évident. Jung dit que si les femmes se sentent trop bonnes, ont trop l'impression d'avoir raison, elles nient leur *Ombre*, et sont possédées des démons : elles sont dévorées par l'*Animus*, qui grandit et prospère grâce à cette excellente nourriture, et se renforce tellement qu'il finit par tenir toute la conscience sous son pouvoir[1]. Aussi est-il nécessaire de rompre le lien, la complicité entre l'*Animus* et l'*Ombre*. Une femme doit être consciente de ses aspects inférieurs, les détacher et les distinguer de l'*Animus*, pour pouvoir entrer dans un rapport positif avec ce dernier.

Dans les rêves, l'alliance de l'*Ombre* avec l'*Animus* peut être symbolisée par une liaison érotique ou un mariage des deux, ou bien par un personnage masculin à la peau foncée, qui représente un *Animus* contaminé par des éléments de l'*Ombre* : dans ce cas l'inconscient acquiert un pouvoir excessif qui agit au détriment du Moi. Mais le fait qu'au début l'*Animus* se confonde avec l'*Ombre* n'est que trop naturel : en effet, pour la femme, l'homme et ses caractéristiques se trouvent au début dans l'ombre, dans l'inconnu, l'inconscient, le non-choisi et le non-vécu consciemment (il en est exactement de même pour l'homme face à la femme et à l'*Anima*). Pour la femme, au début l'homme est porteur de la projection totale[2], c'est-à-dire qu'il est perçu, vécu et « compris » uniquement sur la base des aspects masculins inconscients projetés sur lui ; aussi est-il soit surévalué de façon irréelle, soit sous-évalué de façon tout aussi irréelle et typique. Ce qui indique que la femme est totalement étrangère à tout ce qui ne lui appartient pas, qu'elle ne reconnaît pas du tout l'homme comme personne réelle en dehors d'elle-même et est tout aussi incapable de le reconnaître comme contenu de l'inconscient en elle.

Dans la pratique, nous pouvons trouver cette situation en particulier chez les filles dont le père était absent ou est resté inconnu. Le père est le premier porteur de l'image de l'*Animus* ; c'est en lui qu'elle prend forme et substance réelle : la petite fille peut commencer ainsi à définir concrètement, dans la confrontation et la relation avec une personne réelle, le champ d'action du *Logos*, les valeurs et les droits de l'esprit et les formes des réalisations qui en dérivent.

Mais si le père est un personnage détaché et distant, dont la fille ne sait rien, il arrive souvent que, dès son enfance, elle ait peur de lui de façon inexplicable et mystérieuse, et que la peur du père devienne, chez la fille adulte, une peur ou une méfiance à l'égard de l'homme. Peu importe que le père soit surévalué, doté de supériorités inaccessibles, ou au contraire sous-évalué et méconnu : il reste de toute façon l'*inconnu terrifiant*, dont les caractères numineux archétypiques restent tels quels car ils ne sont pas descendus sur terre, n'ont pas été incarnés dans la réalité d'un être humain.

Dans cette situation, la femme pourra réagir inconsciemment en cherchant à materner son amant ou son mari, pour le maintenir dans une situation de dépendance infantile qu'elle peut contrôler. Mais alors le problème s'« enkyste » au lieu d'être résolu : l'*Animus* reste infantile et inconscient, souvent il se manifeste uniquement de façon réactive, comme un *puer* rebelle et contestataire, et la femme ne réussit pas à prendre la responsabilité d'elle-même et de sa vie ; elle reste dans une attitude d'opposition infantile et de critique stérile.

Le problème de l'inconscience de sa composante hétérosexuelle est plus grave pour la femme que pour l'homme à cause de sa traditionnelle dépendance de l'homme et des valeurs culturelles masculines : l'homme peut ne pas connaître la femme, ni son *Anima*, sans pour autant vivre en fonction de ce qui lui est étranger, tandis que la femme se trouve souvent dans une situation paradoxale de dépendance d'une autorité masculine qui, bien qu'étrangère et inconnue, est acceptée *a priori* et sans critique et lui sert de point de référence et d'orientation dans sa vie. Déjà, en 1927, Jung[3] touchait le problème central de la femme moderne, qui veut se libérer de sa traditionnelle dépendance de l'homme (c'est-à-dire d'une existence en fonction d'un *autre que soi*) sur tous les plans : individuel, culturel et social. La femme en tant que « côte d'Adam » est toujours un problème actuel.

« Il n'est point, observe Jung, de "femme européenne" sans l'homme et son monde particulier. Mariée, elle dépend presque toujours économiquement de son mari ; célibataire, se suffisant à elle-même, elle exerce une profession préalablement organisée par l'homme. Est-elle décidée à ne pas sacrifier sa vie érotique tout entière, la voilà de nouveau en relation essentielle avec l'homme[4]. »

C'est là que le féminisme se trouve au point mort, dans une sorte d'impasse, ne sachant plus ni où aller, ni comment. Une fois l'analyse critique faite, on ne sait plus comment passer au stade constructif : le féminisme rigide et unilatéral veut que la femme se réalise *en soi* et *pour soi*, qu'elle n'ait pas besoin du monde de l'homme, finissant par affirmer des absurdités aberrantes, par exemple que l'orgasme clitoridien doit être considéré comme le sommet de la maturité sexuelle féminine, car la femme s'y réalise et se satisfait sans subir la violence de la pénétration de l'homme.

Un tel raidissement vient probablement d'une situation particulière de faiblesse, à savoir que la femme semble être habituée depuis toujours à dépendre, individuellement et en général, de l'homme, autorité indiscutable. Comme le dit Jung, si elle « se laisse convaincre par la projection des sentiments masculins [...] c'est souvent avec une intention réelle. La nature même de son Moi volontaire et responsable d'être indépendant veut qu'elle reste à l'arrière-plan, pour ne pas entraver l'homme dans la réalisation des intentions qu'il pourrait avoir à son égard. C'est un schéma sexuel évidemment qui se ramifie très avant dans l'âme féminine. Par la passivité de son attitude, dont le fond est fait d'intentions invisibles, elle aide l'homme à se réaliser, en même temps qu'elle le tient prisonnier. Mais en même temps aussi elle est enchaînée à sa propre destinée ; "celui qui tend un piège à autrui y tombe le premier"[5] ».

Le rapport sexuel, avec sa numinosité archétypique de *coniunctio oppositorum*, sanctionne, comme un rite initiatique, la condition d'appartenance, de dépendance, de sujétion de la femme par rapport à l'homme. Dans la langue courante, c'est l'homme qui « prend » ou « possède » la femme et non *vice versa.* Il y a à cet état de choses un fondement psychologique : l'*Eros*, base de la psychologie féminine, contient un risque de dépendance, dans son ne-pas-pouvoir-vivre-sans-l'autre, ne-pas-pouvoir-se-réaliser-sans-un-Toi. Dans la femme, la vie de la conscience et l'identité féminine exigent le monde des relations. Alors que le *Logos* vit et se nourrit d'objets et d'idées, de ce que Jung appelle les « intérêts objectifs », c'est-à-dire reste, de par sa nature même, indépendant des personnes et donc sans liens avec ces dernières, l'*Eros* vit de personnes et de relations et a besoin d'objets vivants, de références constantes au Toi et au Nous ; il en a besoin pour vivre et agir. Dans ce contexte, le fait de « se donner » à l'homme, avec les répercussions que cela entraîne sur le plan de l'*Eros* et les transformations biologiques et psychologiques qui s'en suivent, présente souvent le danger d'une perte d'autonomie pour la femme, au sens de la fidélité à soi-même, de l'être en son propre centre.

La vie de Lou Andreas-Salomé, qui a été une pionnière du féminisme sur le plan individuel, montre comment, chez une femme, l'instinct de se soustraire au rapport sexuel, de ne pas s'abandonner, de ne pas « se donner » à l'homme peut fonctionner comme une revendication du droit à l'autonomie : on dirait que le refus obstiné de « se donner » à son mari et à d'autres hommes a été pour Lou Andreas-Salomé la seule garantie et sauvegarde possible de sa liberté de pensée et de décision, du droit d'administrer elle-même sa propre vie.

D'ailleurs, la perte de la virginité a, depuis l'Antiquité la plus reculée, le sens de soumission : pour les anciens Grecs *admés* et *admetos* signifient « indompté », « non soumis au joug », et dans les poèmes homériques ces termes s'appliquent aux chevaux et aux taureaux sauvages, non domestiqués. Ce n'est que plus tard qu'ils sont devenus des métaphores signifiant « vierge ».

Comme le dit Esther Harding[6], le terme « vierge » ne se réfère pas, sur le plan psychologique, à une situation extérieure, mais à une attitude intérieure. A l'origine, il signifiait « non mariée ». Appliqué aux anciennes déesses, il a une signification tout à fait différente de celle qu'il a à présent : il désigne un état subjectif, une attitude psychologique, non une condition anatomo-physiologique et objective.

Le terme grec *parthénos* signifie « célibataire ». Les enfants illégitimes s'appelaient *parthénioi*, « nés d'une vierge ». Le caractère de « vierge », dans le sens primitif de « libre de tout lien matrimonial », désigne l'indépendance des Grandes Déesses dans les sociétés agricoles de religion matriarcale. La Vierge Ishtar était souvent appelée la « prostituée », et on désignait aussi les prostituées sacrées de ses temples (les *hiérodules*) par l'expression les « vierges sacrées »[7].

Dans la conception primitive[8] de la liberté, la jeune fille, avant son mariage, n'appartient qu'à elle-même et a le droit de disposer de son corps comme elle le veut. Gauguin raconte dans *Noa Noa* qu'une jeune fille de Tahiti pouvait toujours faire l'amour avec l'homme qui l'attirait, mais qu'elle ne se livrait pas à lui, elle s'abandonnait à son instinct : elle ne dépendait pas de l'homme, n'exigeait rien de lui, mais continuait à n'appartenir qu'à elle-même : elle restait vierge au sens ancien et originel du mot.

Une de mes patientes, qui ne connaissait pas du tout cet aspect de la psychologie féminine, m'a raconté une expérience de rencontre avec un homme où l'on reconnaît exactement ces traits de la virginité psychologique. Une fois, en vacances au bord de la mer, elle vivait un moment d'« étrange bien-être », parmi des jeunes qu'elle avait connus quelques jours auparavant. Elle « naviguait béatement » dans cet état d'âme pour elle absolument nouveau tant elle était habituée à lutter péniblement pour émerger des tourments que lui causaient les problèmes quotidiens et des conflits apparemment insolubles. Un soir, elle s'éloigna du groupe et un des jeunes gens, dont elle connaissait tout juste le nom, la suivit et lui demanda de rester avec lui sur la plage, dans cette très belle nuit d'été. Ils commencèrent à parler, mais leur dialogue ne les amena pas à la connaissance l'un de l'autre, il fut plutôt l'occasion d'exprimer une tranquille, primordiale, attirance réciproque et de faire l'amour avec un sentiment de bien-être et d'assouvissement serein, sans aucune implication de rapport interpersonnel. Du reste, quelques jours plus tard leur relation cessa, s'étant révélée en un certain sens trop « pauvre », c'est-à-dire incapable de soutenir la confrontation avec la nécessité d'y introduire des éléments plus précis et individuels de leur personnalité.

Presque deux ans plus tard, alors que la jeune femme avait commencé depuis peu son analyse avec moi, elle eut un rêve où ce garçon l'appelait au téléphone et cherchait à rétablir une relation avec elle. Elle se trouvait dans un moment particulièrement difficile, où elle luttait pour se libérer d'une liaison avec un autre homme — un rapport érotique qui lui faisait courir le risque de ne pas pouvoir exister et se réaliser en dehors de lui.

Aussi l'inconscient lui proposa-t-il une image compensatrice d'un *Animus*, si l'on peut dire respectueux et inspirateur de la virginité psychique du Moi féminin, afin d'aider la patiente à retrouver la possibilité d'être *une*, de n'appartenir qu'à elle-même, comme les antiques déesses vierges.

« Vierge » donc, au sens psychologique, est la femme autosuffisante, qu'elle soit mariée, mère, ou pas : elle est *une*. Elle n'est pas la contrepartie féminine d'un être masculin, de même que la déesse Artémis n'est la compagne d'aucune divinité masculine[9]. Sa divinité n'appartient qu'à elle seule.

L'opposé d'Artémis est Héra (Junon), la déesse du mariage. « Dans ce personnage, le mariage ne fut pas tant considéré comme une institution morale, ni même seulement avantageuse, mais a plutôt été éclairé dans son essence [...], comme une forme totale d'existence dans laquelle Héra apparaît aussi dans son aspect ténébreux : ces ténèbres, le tragique éloignement, les querelles et les révoltes sont compris dans le mariage et ne l'infirment point. Au contraire, le mariage est la prémisse qui rend tragique cet éloignement et possibles les querelles et les révoltes [...]. C'est toujours par rapport à son époux qu'Héra est ce qu'elle est : elle est même *Chera*, celle qui est restée seule. Elle fait partie d'un cycle dont chaque phase est déterminée par sa relation avec Zeus. Son essence tout entière s'épuise dans un mode d'être qui pour elle ne signifie, même dans sa plénitude, qu'être "la moitié" [10]. »

Héra vit tragiquement l'impossibilité de ne-faire-qu'un-avec Zeus, elle le vit comme une condamnation, qui est à l'origine de son hostilité envers son époux et de sa révolte.

On voit chez elle, mise en évidence, la tendance féminine à la *participation mystique* avec l'homme aimé, qui est comme une impulsion irrésistible à réaliser cette béatitude de l'unité originelle que tout enfant a une fois connue avec sa mère.

En revanche, la déesse vierge est *une*, et ne trouve qu'en elle-même la raison et le sens de son existence. C'est dans cet esprit que Lou Andreas-Salomé essayait d'expliquer à Tausk, alors que celui-ci l'aimait passionnément, que les femmes infidèles ne quittent pas nécessairement un homme pour le suivant. « Souvent elles sont simplement obligées de retourner à elles-mêmes. Leur infidélité n'est pas de la trahison [11]. »

Du point de vue de la psychologie féminine, cette « virginité » rend la femme indépendante de ce qu'elle doit ou ne doit pas penser et faire selon les canons collectifs patriarcaux. Aujourd'hui, cette attitude de la femme se présente parfois sous la forme du refus du mariage ou de la relation stable avec l'homme, comme si le mariage ou la vie commune sanctionnait définitivement une « reddition ». J'ai connu une femme qui n'a jamais voulu épouser l'homme avec lequel elle avait une liaison depuis près de vingt ans. Elle n'est arrivée à accepter de vivre avec lui que lorsque celui-ci, après plusieurs années, le lui a quasiment imposé : elle a eu alors une réaction d'abattement et de dépression, comme si, finalement, elle avait été obligée de

« se rendre ». C'était une femme qui tenait essentiellement à son autonomie matérielle et spirituelle. Une fois, elle me dit qu'elle ne voulait pas se marier pour se sentir libre de fréquenter qui elle voulait. En tant qu'épouse, elle n'aurait pu le faire : elle aurait dû être toujours sincère et fidèle. Elle en faisait une question d'honnêteté et d'engagement moral.

Dans ce cas, le « don de soi » dans le mariage prend le sens de « devoir rendre compte » à un juge moral que la femme a le plus grand mal à discerner en elle-même, et qu'elle projette en conséquence sur le mari. Cela dénote une conscience morale encore primitive, dans laquelle le sentiment de culpabilité dépend de la nature du lien établi avec l'autre. C'est là un sentiment de culpabilité personnalisé, comme peut l'avoir un enfant à l'égard des parents, qui ne correspond pas à une loi morale de valeur générale.

Actuellement on voit se manifester dans le féminisme une tendance à se détacher des hommes, à s'isoler ; récemment, les féministes se sont retirées du militantisme politique. On peut ramener cette attitude au mythologème des Amazones, qui excluaient les hommes de leur vie, ne les tolérant qu'aux fins de reproduction. La mutilation du sein représente le sacrifice d'une composante féminine en faveur de l'intégration d'une composante masculine : utiliser plus librement le bras droit pour tirer des flèches et jeter la lance signifie disposer d'une activité consciente dirigée, de type masculin. Je parlerai plus longuement des Amazones plus loin. Pour le moment, je voudrais seulement attirer l'attention sur le fait que, trop souvent, les attitudes des femmes d'aujourd'hui prêtent le flanc à des critiques sommaires sur leur négativité alors que nous devrions être très prudents dans l'évaluation de quelque chose qui est probablement un processus *in statu nascendi.*

Déjà en 1931, Emma Jung[12] observait que les femmes chez qui émerge le problème de l'*Animus* s'intéressent en général toujours plus aux autres femmes et ressentent un besoin croissant d'établir des relations avec elles. D'après Emma Jung, il s'agit là d'un commencement d'une solidarité féminine face au danger d'un principe masculin trop puissant aussi bien extérieurement qu'intérieurement.

En 1978, Francesco Alberoni voyait dans le féminisme même ce type de rencontres entre femmes lors desquelles elles découvrent une solidarité féminine, autrefois inconnue : la femme découvre qu'elle se sent bien avec les autres femmes parce que ses problèmes sont aussi ceux des autres ; elle se sent de leur côté, s'intéresse à elles, commence à voir avec elles, avec des yeux neufs, le monde des hommes, et comprend que ce qu'elle fait pour elle-même et pour son autonomie, elle le fait aussi pour les autres. Souvent, il s'agit « d'une véritable renaissance, quelque chose comme un réveil [13] ».

2.

Éros et *Animus*

Le conflit que provoque la volonté d'autonomie féminine vient de ce que, par nature, la femme agit par amour d'un homme, non par amour d'une chose ; comme dit Jung, « l'amour pour les choses est une prérogative masculine ».

Dans ses efforts pour secouer le joug de l'autorité masculine, la femme a commencé à s'occuper des choses de son propre choix, refusant de les faire par amour pour un homme, parce que cela aurait signifié les faire pour lui et non pour elle. Mais la course aux professions et aux activités qui étaient autrefois réservées aux hommes révèle un esprit d'émulation aveugle et le besoin de conquérir des postes de pouvoir. Dans la mesure où la femme force sa propre nature et sacrifie l'*Éros*, elle cède inconsciemment du terrain et du pouvoir à l'*Animus*, qui envahit la conscience. Cela donne un intellectualisme rigide et irritant par son argumentation dénuée de véritable logique, fanatiquement ancrée dans des présupposés collectifs de caractère dogmatique, et qui va de pair avec l'incapacité d'établir de vrais rapports érotiques et humains : la femme est ainsi écartée de la vie des sentiments et de sa véritable nature.

S'il est vrai que dans la culture patriarcale l'homme — confinant la femme dans un rôle collectif et une position subalterne — a instrumentalisé et étouffé sa propre femme intérieure, l'*Anima*, ainsi que ses valeurs de sentiment et d'introspection, et s'est consacré au développement unilatéral de la raison, il est vrai aussi que si la femme veut se développer d'une façon qui ne soit pas unilatérale ni dénaturante pour elle, elle ne doit pas se priver — ni priver l'homme — du monde de l'*Éros*.

L'intégration de l'*Animus* par la femme devrait correspondre à l'intégration de l'*Anima* par l'homme. Le développement de la femme exige l'acquisition d'une certaine virilité, c'est-à-dire de « savoir ce que l'on veut et faire le nécessaire pour atteindre le but[1] ».

Mais en traitant avec l'*Animus*, la femme doit tenir compte du fait que tant de siècles de dépendance de l'autorité masculine ont implanté en elle la tendance inconsciente à prendre pour parole d'évangile tout ce que lui dit son homme intérieur, de même qu'elle est encline à prendre à la lettre ce que son partenaire lui dit, écartant tout sens critique. Dans cette relation, le Moi féminin court donc le risque de se mettre *a priori* dans une position de dépendance de l'*Animus* au lieu de garder la direction de la personnalité. Cela peut être très dangereux parce que toute figure de l'inconscient — même si au début elle se présente comme positive et serviable —, si elle acquiert trop de pouvoir sur le Moi, devient une force qui agit négativement et de façon destructive pour la personnalité tout entière. Le complexe du Moi est alors possédé par un complexe autonome de l'inconscient. Cela se voit très clairement dans les expériences d'imagination active, dans lesquelles, si le Moi ne garde pas constamment une attitude active et critique face aux figures de l'inconscient, il en est affaibli au lieu d'en être renforcé, au détriment de l'équilibre psychique.

Les formes que revêt l'*Animus* dans les rêves ont souvent des traits caractéristiques de l'autorité : le père, le prêtre, le directeur, le chef de bureau, le professeur, etc. Il s'agit de figures masculines qui savent toujours ce que la femme doit ou ne doit pas faire et cherchent à lui imposer leur opinion sans tenir compte ni du sentiment, ni de l'instinct féminin. Si la femme se fie aveuglément à l'autorité masculine, elle peut tomber dans un état d'infériorité sans espoir, encore plus destructif que la pseudo-assurance et la pseudo-supériorité que crée l'identification avec l'*Animus* (où la femme « a toujours raison »).

On observe ici le même mécanisme psychologique qu'entre deux personnes réelles dont l'une est trop forte et l'autre trop faible et lâche : la plus forte tendra à devenir agressive et tyrannique et l'autre à devenir toujours plus dépendante et sans volonté, avec en général l'apparition d'une dynamique sadomasochiste. Le seul moyen pour le faible d'échapper à l'autodestruction est de s'identifier avec son oppresseur.

Bruno Bettelheim a analysé ces mécanismes de façon pénétrante dans son livre *Le Cœur conscient*, dans lequel il décrit son expérience et celle d'autres juifs dans un camp de concentration. « Mais tout pouvoir fort exerce aussi un effet de fascination. Après tout, rien ne réussit comme le succès[2]. » « Plus la tyrannie est absolue, plus le sujet en est affaibli et plus il est tenté de reconquérir la force perdue en s'intégrant à la tyrannie afin de partager sa puissance [...] mais au prix d'une identification sans réserve à la tyrannie. Bref, il lui faut renoncer à toute autonomie[3]. »

Il semble que dans la culture patriarcale, la femme ait vécu plus ou moins consciemment, dans sa relation avec l'homme, une situation analogue, où sa passivité naturelle et sa réceptivité au *Logos* masculin, son inclination pour le monde de l'*Eros*, et sa tendance à s'intéresser davantage aux rapports humains, lui ont fait accepter la réalisation de l'homme au lieu de se réaliser elle-même, pour vivre satisfaite du « reflet de la lumière » du pouvoir et de la réussite de l'homme. Dans sa relation avec l'homme intérieur, c'est-à-dire l'*Animus*, nous voyons que le Moi féminin court constamment le risque de reproduire le même schéma, se déchargeant ainsi de tout engagement et de toute responsabilité. C'est là, dans l'identification avec l'*Animus* et sa masse d'opinions acceptées sans discussion, la loi du moindre effort, la voie facile et commode pour se sentir forte et puissante et avoir toujours raison, sans avoir conquis ni le pouvoir ni les raisons.

Mais cette attitude se heurte à une réalité qui se révèle hostile : les femmes perdent leurs contacts humains, les hommes s'énervent et s'éloignent, personne ne les comprend et ne les apprécie à leur juste valeur. Alors, elles veulent imposer par la force ce qu'elles considèrent comme leurs droits sacro-saints, sans se rendre compte qu'elles se trouvent dans une impasse parce qu'elles croient être libérées d'un oppresseur extérieur sans voir qu'elles se sont asservies à un tyran intérieur. C'est l'attitude typique de beaucoup de féministes.

Naturellement, la femme « n'a guère envie d'abandonner la fausse assurance qui caractérise un état de possession inconsciente[4] ». Car renoncer à cette pseudo-assurance signifie ouvrir la porte au doute, et le doute est toujours la condition de la découverte du nouveau, tant à l'intérieur qu'à l'extérieur de soi.

En novembre 1976, à l'occasion d'un fait divers milanais, j'ai pu voir un exemple extrême de cet état de possession, qui donne une assurance inébranlable, résistant à tout examen de la réalité. La rumeur courait qu'une jeune fille avait été violentée par un jeune du Mouvement des travailleurs pour le socialisme. On discuta de l'événement dans l'amphithéâtre de l'université d'Etat, où se trouvaient, notamment, de nombreuses féministes. La jeune fille déclara qu'elle n'avait subi aucune agression de la part du garçon, car elle « aimait faire l'amour ». Mais les féministes ne purent accepter cette vérité tellement simple et indiscutable. L'une d'elles déclara : « Tu as forcément subi une violence car il y a toujours de la violence chez l'homme. »

Ce qui déclencha un débat « théorique » sur la violence sexuelle (ne pas tenir compte de la réalité qui lui est étrangère est typique de l'*Animus*). Les hommes sortirent, muets, et la discussion se poursuivit entre les jeunes femmes du Mouvement des travailleurs pour le socialisme et les féministes. Ces dernières persistèrent fermement dans leur dogme aprioriste de la violence des hommes, au point que, comme l'écrivit un journaliste : « Ce que l'intéressée avait déclaré avec un accent de sincérité semblait compter pour rien. » A la fin, les jeunes du Mouvement dirent aux féministes : « Pardon, mais il nous semble que cette fois ce ne sont pas les hommes qui exercent la violence contre nous, mais vous-mêmes. » Mais les féministes ne purent le comprendre : pour elles, la violence était et devait rester un phénomène purement masculin.

Nous voyons là un exemple extrême d'*Animus* qui possède le Moi féminin, imposant ses opinions, c'est-à-dire, comme dit Jung, « ses suppositions aprioristes qui prétendent s'imposer comme des vérités absolues[5] ». Il n'y a aucune capacité de réflexion et de pensée critique. La discussion devient alors une espèce de lutte verbale, dans laquelle il ne s'agit jamais d'écouter, mais de s'opposer parce qu'on veut avoir raison à tout prix.

L'état d'identification avec l'*Animus* révèle un profond refus de sa nature féminine : la femme souffre de l'envie du pénis, selon la vision freudienne « phallocentrique » née de la culture patriarcale victorienne. Il suffit de lire les titres de certains romans féministes pour mesurer l'étendue du mépris et du dégoût qu'elles éprouvent pour leur propre féminité : *Quelle horreur d'être femme*, de Eriberta Benzoldi, roman que *Le Monde diplomatique* a qualifié de « plus corrosif que la lèpre » ; *Deux femmes à jeter* de Armanda Guiducci ; *Un quart de femme* de Giuliana Ferri, etc.

La femme masculine et castratrice que Freud décrit comme le résultat d'une envie de pénis non élaborée[6] correspond à la femme-*Animus* décrite par Jung, qui trouve une pseudo-assurance et un pseudo-pouvoir dans l'identification avec le masculin. « Quand la femme est dominée par son *Animus*, il n'y a pas de logique au monde qui l'ébranle. Souvent, l'homme a l'impression (et pas tout à fait à tort) que ce n'est qu'en la séduisant, en la battant ou en la violant qu'il pourrait exercer sur elle la force de persuasion nécessaire[7]. » Il s'agit d'une secrète volonté de puissance qui parle au nom de la Vérité et de la Justice.

Jung appelle « extraversion de l'*Animus*[8] » la distorsion due au fait qu'une fonction destinée au monde intérieur, à faire passer les contenus de l'inconscient, est utilisée dans la relation avec l'extérieur, s'insinue dans la conscience et prétend donner des jugements sur la réalité extérieure. La femme possédée par l'*Animus* risque de perdre sa *Persona* féminine adéquate — soit une attitude et un comportement féminin adaptés au monde extérieur, qui dérivent d'une bonne adaptation à la réalité — en adoptant des caractéristiques masculines. « Naturellement, le motif de ce renversement réside dans une reconnaissance insuffisante [...] voire dans la non-reconnaissance du monde intérieur qui fait contrepoids de façon autonome au monde extérieur et qui pose, pour ce qui est de l'adaptation, des exigences aussi considérables que ce dernier[9]. »

Quand on ne donne pas une valeur suffisante à sa réalité psychique et qu'on néglige une partie vitale de son intériorité, tôt ou tard celle-ci prend sa revanche sur le Moi, envahit l'espace de la conscience et se conquiert par la violence une place de pouvoir, faisant valoir ainsi, même de façon erronée, son droit à la vie. Dans la femme, une masculinité mise en évidence indique que l'*Animus* veut se faire remarquer parce qu'il est négligé par le Moi féminin. Souvent, il s'agit de femmes intelligentes, qui n'ont pas assez confiance dans leurs propres valeurs spirituelles et ne tiennent pas compte de leurs besoins de réalisation intellectuelle et créatrice.

3.

Le Moi féminin dans la culture patriarcale

Pour mieux éclairer les dynamiques entre le Moi et l'*Animus*, il faut parler ici du Moi féminin et de sa formation. D'après Neumann, le petit garçon, « à partir d'un certain moment décisif de son développement, ressent sa mère comme un Toi étranger et différent, alors que la petite fille la vit comme un Toi même et non différent[1] ».

« Le petit garçon fait l'expérience de l'opposition du masculin et du féminin dans cette relation primaire avec sa mère, qu'il doit refuser s'il veut atteindre son individualité et son identité masculine[2]. »

La naissance de la conscience et son évolution sont le surgissement et le développement de ce qui se différencie de l'inconscient (conçu comme maternel, protecteur et enveloppant) et qui s'y oppose : d'une situation de non encore divisé de l'inconscient, d'un état de promiscuité indifférenciée et de *participation mystique*, on va vers l'objectivité de la conscience, qui est de signe opposé : à l'origine de l'histoire de l'humanité, et encore aujourd'hui pour les primitifs, le masculin et le féminin sont des prototypes des opposés. L'opposition du masculin et du féminin dans la symbolique archétypique remonte à l'apparition de la conscience, perçue comme masculine, née d'un inconscient perçu comme féminin-maternel.

L'expérience originelle du petit garçon est que l'identification avec le Toi dans son rapport avec la mère se révèle

« erronée » : à partir de cette expérience il a tendance à l'objectivation, à se confronter aux choses, à ne pas s'identifier inconsciemment à un Toi, mais à prendre ses distances d'une façon caractéristique du *Logos* masculin. Tout cela entraîne une formation du Moi plus nette et une plus nette séparation de la conscience et de l'inconscient.

La petite fille, en revanche, n'éprouve aucune opposition entre masculin et féminin dans son rapport initial avec la mère. L'expérience de soi-même en tant que femme, qui correspond à la naissance de son Moi, ne lui impose pas le renoncement complet et définitif à son état d'identité avec le féminin maternel. Son auto-identification est primaire car elle peut se réaliser dans le rapport primaire : la petite fille peut se trouver elle-même sans avoir besoin de prendre nettement les distances par rapport à la situation originelle d'unité psychique avec sa mère, caractérisée par le symbole de l'Ouroboros, le serpent qui se mord la queue, qui se referme sur lui-même, contenant tout dans sa totalité indifférenciée.

Si elle reste dans cette situation, la fille restera infantile, mais elle ne sera pas aliénée de sa propre nature, comme cela se produirait pour le garçon (qui en serait « castré », c'est-à-dire frustré de sa réalité masculine).

La femme peut expérimenter sa « totalité naturelle » de façon précoce, infantile, sans un développement correspondant de sa conscience, ce qui comporte un aspect négatif : le danger d'une fixation à cette phase d'inconscience et d'immaturité infantile, dans un état de relatif bien-être et de relative adaptation aux devoirs de la vie et aux exigences sociales, puisqu'il n'en résulte pas nécessairement des problèmes d'échec et de névrose comme pour l'homme. En outre, l'expérience originelle du rapport d'identification avec la mère comme « non erroné » du point de vue de l'auto-identification, c'est-à-dire de l'expérience de soi comme féminin, détermine la tendance de la femme à s'identifier à un Toi, contrairement à l'homme, qui conçoit les rapports essentiellement comme des confrontations.

Cette phase, que Neumann a appelée « phase d'autoconservation », dans laquelle le Moi féminin reste lié à l'inconscient et au *Soi* maternels, est représentée par le mythe de Déméter et Coré, et correspond à la psychologie du matriarcat, dans laquelle le féminin vit le masculin comme quelque chose d'étranger, écrasant, hostile et voleur. C'est une psychologie unilatérale, dans laquelle la relation avec l'homme n'est actualisée ni à l'extérieur ni à l'intérieur de soi.

Dans ce cas, l'homme, en tant que partenaire ou en tant qu'*Animus*, n'est rien d'autre qu'une image *donnée a priori*, impersonnelle, collective et totalement prévisible : que ce soit dans le partenaire ou dans l'*Animus* il n'y a rien à découvrir, tout semble naturel et prévu. Il y manque complètement l'expérience individuelle avec *l'autre que soi*. A cette situation de stérilité psychologique, de *coniunctio* manqué comme rencontre féconde des opposés, correspondent des troubles typiques comme la frigidité, ou des rapports purement sexuels avec l'homme, sans relation, ou la réduction du rapport à la rencontre entre la composante passive-masochiste et la composante sadique.

Il me semble que ces observations illustrent assez bien un aspect d'*Ombre* du féminisme. Le besoin de la femme de se libérer de sa dépendance de ce qui est masculin comporte le risque de tendre à s'en isoler et à régresser à un stade de psychologie matriarcale où l'homme est vécu comme menaçant ou hostile.

Toni Wolff[3] fait des observations analogues sur le Moi féminin et la conscience de soi de la femme : celle-ci est souvent désorientée à propos d'elle-même, elle a plus de mal que l'homme à devenir consciente de soi, et, plus que l'homme, elle court le risque de s'identifier avec les personnes et les idées qui l'intéressent. La femme moderne, en particulier, est désorientée en ce qui la concerne : T. Wolff remarque que la femme n'a pas pu — comme l'homme — trouver symbolisé dans l'image divine son principe féminin dans toute sa complexité.

L'image féminine dans notre culture occidentale n'est pas adorée comme une divinité. La Vierge Marie n'est vénérée qu'en tant que mère de Dieu, elle est sainte, et non déesse, et même ce que Jung a qualifié de « préparation à la divinité de Marie[4] », son Assomption corporelle au ciel, n'est devenu un dogme qu'en 1950 (avec Pie XII), alors que la religion catholique avait à ce moment-là perdu une grande partie de sa signification symbolique.

Au début du gnosticisme, le Saint-Esprit était féminin, il s'appelait *Sophia (Sagesse).* Mais cet enseignement fut considéré comme dangereux et donc condamné comme hérétique. La nature féminine du Saint-Esprit n'a survécu que dans son symbole, la colombe, qui est l'oiseau de la déesse de l'amour[5].

Dans le christianisme médiéval les deux formes de vie socialement acceptées pour la femme étaient celles de mère et de sœur (ou de tante-vieille fille du clan familial) qui correspondent aux deux aspects de Marie, mère et vierge[6]. Marie représente pour la femme un modèle de vie qui consiste en un comportement obéissant et dévoué, essentiellement passif, sans initiative ni créativité spirituelle. Dans la Réforme protestante, on est allé jusqu'à abolir le principe féminin de la religion. Donc, si l'on exclut la parenthèse de la *Sophia* gnostique, la femme a toujours manqué d'un principe directeur spirituel, incarné dans une image divine, qui manifeste le féminin dans toute la variété de ses aspects et la richesse de ses possibilités de réalisation. Il est vrai que la libération spirituelle qu'a réalisée la Réforme protestante a ouvert à la femme l'accès à un grand nombre de nouvelles possibilités, mais elle s'est trouvée complètement seule et sans orientation, parce que même l'image de Marie a été abolie.

Comme T. Wolff l'a remarqué avec justesse, en l'absence d'un *principe* directeur, cet excès de possibilités devient avec le temps un facteur négatif : c'est ainsi que l'on explique la grande insécurité et désorientation des femmes protestantes à propos d'elles-mêmes. On dirait que les femmes ont peur de la multiplicité des possibilités qui sont à leur disposition et qu'en conséquence elles se forgent, dans un but défensif, une image d'elles-mêmes trop rigide et très difficile à défaire, d'autant plus précise et déterminée qu'elles sont plus inconscientes d'elles-mêmes et que leur Moi a des contours plus vagues et indistincts. Mais le besoin de stabilité et de sécurité en ce qui concerne leur propre identité féminine, qui fonctionne comme une protection et une garantie contre l'inconscient, devient finalement un obstacle à la prise de conscience.

Les observations de T. Wolff sur les femmes protestantes font réfléchir à la situation de la femme d'aujourd'hui : dans la perte générale de signification des symboles religieux, l'image divine masculine a toujours réussi, d'une certaine façon, à être remplacée par des figures humaines idéalisées de leaders politiques ou idéologiques (Marx, Lénine, Mao, Che Guevara, etc.) alors que pour la femme il n'existe aucune incarnation correspondante du principe féminin.

Je crois que de nos jours les attitudes apparemment trop sûres, rigides, effrontées et agressives, de tant de femmes viennent d'un profond sentiment d'insécurité et de désorientation en ce qui concerne leur propre nature, qui a quelque chose à voir avec cette absence de points de référence et d'orientation, c'est-à-dire de principes directeurs. Ce besoin que manifeste la femme d'avoir une image précise, claire et surtout unitaire d'elle-même, de se voir pour ainsi dire « comme une seule chose » est probablement une forme de défense contre sa difficulté à prendre conscience de la complexité et de la richesse de sa propre nature et aussi contre le risque de dispersion qui lui est inhérent. Etant donné, comme le montre E. Neumann, que la femme peut trouver son identité dès son rapport primaire avec la mère, elle peut aussi tendre régressivement à se réfugier dans la sécurité d'une image d'elle-même simpliste et collective, qui ne correspond pas du tout à son essence. L'image n'a rien à voir avec la substance. On peut donc voir le problème de la femme comme le risque de ne pas vivre suffisamment le conflit intérieur, qui est le facteur essentiel du développement de la personnalité.

Les féministes ont, à juste titre, stigmatisé, au cours des générations passées, la condition de la femme-enfant, traitée par le mari comme une irresponsable, presque incapable de penser par elle-même ; mais il doit aussi y avoir une secrète complicité entre l'oppression masculine et l'acquiescement féminin. Il doit y avoir chez la femme une sorte de nostalgie du « paradis de l'enfance » où tout est encore *un et entier*, avant les conflits et avant le heurt avec les difficultés de la vie. C'est le monde de l'*unité infantile*, antérieur à tout déchirement et à toute scission.

D'après T. Wolff, la femme a plus de peine que l'homme, que ce soit sur le plan psychologique ou moral, à reconnaître son *Ombre.* Cette affirmation n'est peut-être pas absolument défendable, mais on peut dire qu'on remarque souvent chez la femme, lorsqu'elle n'est pas possédée par son *Animus,* une indulgence toute particulière pour les côtés défectueux ou moralement « trop élastiques » de sa personnalité[7]. Une femme peut dire avec un sourire qui sollicite la compréhension et assez fréquemment suggère une intime complaisance : « Je suis très égoïste », sans être le moins du monde effleurée par la pensée qu'une telle conscience implique une responsabilité morale ; ou bien : « Je suis faible », avec l'intention d'émouvoir et d'obtenir de l'aide, prête à nourrir des ressentiments contre celui qui ne se montre pas suffisamment attentif et à se venger en médisant, avec la joie secrète de lui faire perdre l'affection et l'estime des autres ; ou même : « Si quelqu'un m'attaque, je suis capable de le détruire », avec presque un air de triomphe. On pourrait multiplier les exemples : on y retrouve chaque fois cette carence essentielle de jugement moral touchant un aspect de l'*Ombre* de la personnalité. On dirait que le fait de devoir reconnaître une dualité de sa propre nature rencontre chez la femme une forte résistance.

Cela vient peut-être, du moins en partie, de ce qu'elle fait des expériences différentes de celles de l'homme : celui-ci, dès la puberté, expérimente une duplicité dans sa nature : sa nature sexuelle et sa nature spirituelle. En outre, depuis les temps les plus reculés, il fait l'expérience d'une double vie, la vie privée des affections familiales et la vie publique et sociale des activités dans le monde extérieur ; la chasse et la guerre de l'homme primitif correspondent, dans la civilisation moderne, à la lutte de l'homme pour conquérir sa place dans le monde et s'affirmer.

Par contre, la femme, dans la condition primitive, s'occupe de la maison, élève ses enfants et cultive les champs, autrement dit elle a un monde unique, qui englobe aussi bien sa famille que ses occupations. La sexualité aussi tend à être circonscrite dans son monde familier. Le facteur unificateur est représenté par le sentiment qui inspire toutes les activités et les initiatives féminines, tant que la femme reste dans cette condition.

Mais quand elle ressent le besoin de faire des expériences et de se réaliser aussi hors du cadre familial, dans le monde des hommes, comme cela se produit aujourd'hui de plus en plus souvent, l'unité originelle, dénuée des contrastes, des divers aspects de sa nature, finit inévitablement par cesser. Le travail et l'auto-affirmation de la femme n'appartiennent plus à la sphère des sentiments familiaux et il n'est pas rare que même la sexualité puisse être expérimentée sans profond engagement sentimental. Mais même si cette nouvelle situation permet souvent d'atteindre des objectifs satisfaisants, elle semble particulièrement chargée de tensions et déchirante, comme si la femme ne supportait pas, à un niveau émotif inconscient, la séparation de sa vie affective et de sa vie professionnelle, productive et sociale. Il s'installe souvent en elle un état d'inquiétude, d'anxiété et d'agitation, comme si quelque chose allait contre sa nature féminine ou comme si elle perdait ses racines.

Avec sa tendance à l'identification, la femme court toujours le risque de ne vivre qu'un pôle de sa dualité conflictuelle, scotomisant l'autre : ou elle s'identifie à sa vie privée de mère et d'épouse, ou elle s'identifie à sa profession, ou à une idéologie quelconque (politique, sociale, etc.). Ou encore, s'efforçant d'être toujours à la hauteur des divers devoirs de la vie, elle s'identifie tour à tour à l'un ou l'autre de ceux-ci, en retirant un sentiment de grand malaise, de dispersion, de fragmentation, sans réussir à saisir le sens constructif d'une différenciation qui s'opère en elle, en tant que développement des diverses composantes de sa personnalité liées entre elles par une relation de tension dynamique. Dans son désir d'unité, la femme s'agrippe tenacement à la situation originelle infantile du *tout-est-possible,* où tout peut encore arriver et où les germes de développement restent des potentialités indéfinies, jamais réalisées, comme des promesses que la vie devra garder.

On dirait que la femme manque tellement d'assurance et est tellement désorientée en ce qui concerne ce qu'elle pourrait réaliser concrètement et sa réalité elle-même, qu'elle évite de se soumettre à l'épreuve des faits, mais préfère s'attacher à une image d'elle-même, ou à un homme, ou à un devoir, ou à une conviction. T. Wolff observe que souvent le début du processus d'individuation est marqué de rêves de prison et d'emprisonnement : on ne peut plus s'échapper, on est obligé de faire face à soi-même, à ce qu'on est véritablement, et d'assumer la responsabilité de son *Ombre.* Je crois que la reconnaissance de l'*Ombre* peut être précieuse pour la femme, parce que l'*Ombre* contient aussi les valeurs individuelles, refusées par le Moi car elles sont gênantes et potentiellement conflictuelles, mais cela signifie se poser le problème moral de l'*Ombre* et commencer à s'accepter tel qu'on est, au lieu de rêver mille possibilités.

L'attitude protectrice-paternaliste du patriarcat envers le féminin, comme l'observe E. Neumann, l'a conduit à la paresse et à la paralysie de la conscience. « La symbiose culturelle du mariage patriarcal a sur le féminin un effet beaucoup plus négatif que sur le masculin : étant confiné dans un aspect unilatéral de sa nature féminine alors que les valeurs conscientes de la culture patriarcale sont masculines, il ne peut se développer dans cette direction et s'en remet toujours à l'aide de l'homme, qui se juge alors supérieur et considère la femme comme inférieure.

« Aussi, les conséquences négatives du patriarcat pour le féminin forment-elles un cercle vicieux dans lequel le masculin cantonne de force la femme dans les limites de l'exclusivement féminin et lui interdit ainsi tout rapport réel avec la culture patriarcale, la rejetant dans le rôle de créature inférieure et de second rang. La femme tombe ainsi dans le rôle de l'enfant irresponsable qui doit être tenue sous la tutelle de l'homme qui s'en prévaut pour la sous-évaluer, tandis qu'elle en tire les preuves de sa prétendue infériorité naturelle.

« Il est inévitable que cette situation ait des effets catastrophiques sur une fillette qui doit grandir dans une conception patriarcale qui la dévalue de la sorte. La prière matinale du juif, qui remercie chaque jour Dieu de ne pas être né femme, la psychologie féminine freudienne entièrement fondée sur l'"envie du pénis", en sont des manifestations extrêmes et indiquent le danger que court le féminin dans la symbiose patriarcale.

« Lorsque cette symbiose fonctionne et que le féminin réprime ou renonce à son originalité propre, on constate que le féminin est emprisonné dans le patriarcat et le mariage ; du point de vue psychologique cela signifie que, dans un tel mariage, non seulement la conscience patriarcale de la femme ne se développe pas, mais que celle-ci renonce même à son essence, sa conscience matriarcale, car cette dernière ne correspond pas aux valeurs patriarcales ou est même en contradiction directe avec elles. L'identification avec les valeurs patriarcales, résultant non d'une conquête personnelle mais d'une persuasion extérieure, engendre une paralysie et une paresse de la conscience dangereuses pour le développement psychique du féminin, qui reste lié à l'aspect protecteur du patriarcat et à une forme de psychologie filiale dans laquelle l'homme porte la projection du père et la femme lui reste infantilement soumise, comme sa fille[8]. »

Mais aujourd'hui, avec le féminisme, les femmes

commencent à refuser cette identification aux valeurs patriarcales et à la dépendance infantile de l'homme vécu comme autorité et protection paternelle : naturellement cela entraîne la crise de la famille traditionnelle et de sa fonction de pivot de la culture patriarcale, dont la sécurité a toujours été fondée sur l'unilatéralité des rôles masculin et féminin.

Il est probable qu'actuellement la femme revive dans le féminisme une phase matriarcale, une forme de régression à « l'exclusivement féminin », qui est potentiellement fertile de futurs développements. Les féministes se sont récemment retirées des partis de gauche parce qu'elles n'y ont pas trouvé une égalité de rapports et de travail politique avec les hommes et parce qu'elles n'ont pas pu réaliser dans l'activité du parti l'unité entre la vie privée et l'activité publique. Elles parlent du « privé » comme d'une « dimension historique et matérielle, et donc politique, de la femme », elles disent que « le privé est politique » et qu'il faut supprimer le hiatus entre le public et le privé.

Certaines des critiques que les féministes adressent aux camarades de leur parti sont très justes : « Ils voulaient tout changer, sauf eux-mêmes et leurs rapports ; ils prétendaient changer les gens sans les connaître ni les comprendre. » Elles ont quitté les partis pour sauvegarder leurs propres convictions, et elles ont défini le conflit avec leurs camarades, comme une « absence de rencontre ». Maintenant elles veulent réfléchir et chercher par elles-mêmes, refusant le « devoir être » d'un parti pour y opposer l'« être » de leur mouvement.

Ce choix de se séparer de l'homme et de sa politique semble être une étape nécessaire : la féministe a senti que son histoire personnelle de femme ne s'accordait pas avec la politique dont elle s'occupait. Il ne faut pas oublier que presque toutes les femmes sont arrivées au féminisme par suite des contradictions de leur histoire personnelle et ont commencé à faire de « l'autoconscience » dans de petits groupes, affirmant qu'il faut « partir de nous, femmes, de ce que nous sommes ». Par contre, la politique était « celle de l'homme, que nous essayions d'imiter ».

Les féministes ont tenté de se dégager du rôle imposé par la « ligne du parti », s'occupant chacune de soi-même et essayant de comprendre les autres dans leur réalité quotidienne « personnelle » : elles sont ainsi arrivées à sentir que cette politique dans laquelle elles s'étaient engagées « était loin de la vie, qu'elle était absurde, prêcheuse, et que personne ne l'écoutait ». D'une certaine façon, le féminisme s'oppose aux mouvements politiques, et à leur idéologie, en ce qu'il « part d'une transformation personnelle *avec* et non *pour* les autres femmes ». Il s'agit donc de ne plus sacrifier l'être humain femme ni la personnalité féminine aux objectifs politiques et sociaux de la culture patriarcale.

Dans le cadre de cette dernière, le féminin a subi une aliénation considérable, cessant presque complètement de s'appartenir, ce qui explique le besoin qu'éprouvent les féministes de « se chercher » et de tenter de « se retrouver » en s'isolant du monde masculin. La femme d'aujourd'hui se rend compte qu'elle a une conscience patriarcale qui met l'accent sur le Moi, sur l'activité volontaire et dirigée, sur l'objectivité rationnelle et sur la domination des forces de la nature ; c'est pourquoi elle se sent en conflit avec sa nature féminine, avec « l'expérience féminine [...] de l'inconscient, du destin et du lien de l'être avec le non-Moi et avec le Toi[9] ». Mais le refus de l'attitude patriarcale comporte le risque de la régression à la phase précédente, que E. Neumann définit comme « la phase de l'irruption de l'Ouroboros patriarcal », dans laquelle le féminin est saisi par quelque chose de numineux, de transpersonnel et de puissamment pénétrant. C'est le dieu qui violente la femme sous forme de nuage, vent, pluie, éclair, etc. C'est l'inconscient masculin, violent et pénétrant, qui emporte et transforme la femme.

Je crois qu'il arrive souvent à la femme d'aujourd'hui, lorsqu'elle ne parvient pas à établir une relation féconde avec l'*Animus* et avec l'homme, de faire l'expérience angoissante des « noces avec la mort » qui reflètent le mythe du rapt de Coré par Hadès. Une de mes patientes a vécu son premier rapport sexuel comme une rencontre avec le numineux qui emporte et bouleverse. C'était un homme qu'elle connaissait à peine et vers lequel elle se sentait mystérieusement attirée, comme subjuguée. Au moment où ils allaient faire l'amour, il lui est venu à l'esprit, d'une façon inexplicable, les mots d'un poème de García Lorca : « Non, je ne veux pas mourir[10]... » Elle a fait là l'expérience d'un masculin écrasant et destructeur dans son indétermination numineuse, en face duquel le féminin se sent comme insuffisant, inférieur et inadapté : « Le féminin se sent trop petit face au masculin ; il ressent évidemment avec angoisse son incapacité à recevoir en soi la totalité du phallus divin[11]. »

4.

Maternité et avortement

Le caractère conflictuel du rapport avec le masculin et la peur de la transformation qui en dérive peuvent devenir extrêmes et aboutir au refus de la fécondation, soit conscient (phobie de la grossesse, impossibilité d'accepter la « contagion » du sperme), soit inconscient (stérilité psychogène, vaginisme). Une de mes patientes, qui n'avait jamais pu avoir de rapports sexuels avec son mari à cause d'un vaginisme total, rêvait continuellement de scènes de violence, de sang et de mort. Dans ses rêves, elle était poursuivie et devait être tuée, ou bien une jeune fille était violentée, ou son mari était en danger, et parfois même assassiné.

Le rapport sexuel était un acte de violence et de mort, à cause d'un complexe de mère négatif qui avait paralysé tous les domaines de sa vie instinctive et toute possibilité de rapport fécond avec l'homme, vécu inconsciemment comme l'ennemi persécuteur, violeur et assassin. La patiente était une Coré qui contenait en elle la mère terrifiante et vengeresse. Dans son essai sur Coré, Kerényi[1] décrit très bien cet état de colère et de douleur causé par la persécution, le rapt et la violence subis sans accepter et sans comprendre.

Au cours de son analyse, ma patiente fit un rêve dans lequel quelqu'un voulait tuer son mari, mais celui-ci lui demandait de faire l'amour avant de mourir. Après avoir longtemps hésité, elle acceptait ; puis, après l'assassinat du mari, elle entrait dans la maison de son enfance en criant hystériquement. Ici, pour la première fois, la patiente osait défier la force hostile de la mère négative qui voulait empêcher sa fille d'avoir une vie sexuelle, de se transformer, et de quitter l'état virginal de jeune fille, puis elle réagissait en criant furieusement contre la vengeance maternelle (la maison de l'enfance dans le rêve représentait le monde de la mère). Au bout de quelques mois, son vaginisme disparut et des rapports sexuels normaux commencèrent à devenir possibles, mais pendant encore assez longtemps sa peur de la conception subsista sous la forme de la peur de mourir pendant l'accouchement.

Une autre de mes patientes, qui avait pourtant toujours fait l'amour avec des hommes différents sans prendre aucune précaution, n'était jamais tombée enceinte. Lorsqu'elle eut une liaison plus profonde et plus durable avec un homme et décida de vivre avec lui, elle fit avec lui une sorte de pacte : lui ne voulait absolument pas d'enfant, car sa femme, dont il était séparé, lui avait « imposé » deux enfants, envers lesquels il n'éprouvait que des sentiments de culpabilité ; elle ne voulait pas d'enfant « pour le moment », mais elle voulait, si possible, se rassurer sur sa capacité de devenir mère ; ils se mirent donc d'accord pour continuer à faire l'amour sans précautions, et, si elle tombait enceinte, elle avorterait. Je connaissais les problèmes de cette patiente en ce qui concernait la féminité. Son anamnèse avait révélé qu'elle avait subi des stimulations sexuelles précoces dans son enfance, car son oncle et — de façon plus larvée et indirecte — aussi son père lui avaient fait violence.

D'après Neumann la figure de l'Ouroboros patriarcal constitue l'un des motifs essentiels de la problématique que la psychanalyse décrit — au niveau personnel — comme l'expérience féminine du complexe d'Œdipe. Dans le cas de ma patiente, il s'était produit une fixation à la phase œdipienne, avec la domination de l'Ouroboros patriarcal qui — à partir du modèle déterminé par les expériences personnelles infantiles — tenait le Moi féminin en son pouvoir : la patiente était, pour ainsi dire, victime de l'esprit et comme rendue étrangère à la terre et à elle-même en tant que femme et en tant que corps féminin. La scission de l'archétype de la Grande Mère se manifestait non seulement dans sa stérilité, mais aussi dans son hostilité envers la mère personnelle et les femmes en général, et dans l'impossibilité de se distinguer du masculin. Dans ce cas, comme le dit Neumann, « la femme devient victime de sa tendance à un rapport d'identité, elle devient étrangère à sa propre nature en développant à outrance son *Animus* masculin, elle se prive de sa propre nature terrestre et devient une victime sans défense des forces masculines[2] ».

J'avais averti ma patiente que, si l'analyse l'amenait à se réconcilier avec sa féminité, l'évolution qui s'ensuivrait pourrait aboutir à une grossesse et que le désir de maternité et l'instinct maternel ne se laisseraient pas éliminer avec un avortement lorsqu'elle saurait qu'elle est capable de procréer. Mais, avec beaucoup de légèreté et d'inconscience, elle ne tint pas compte de ce que je lui dis et, très exactement lorsqu'elle commença à se sentir mieux, à se retrouver en tant que femme et à découvrir son corps féminin et la pleine jouissance de la sexualité — presque comme une étape nécessaire de son évolution —, elle tomba enceinte.

Elle me l'apprit, au début de la séance, satisfaite plutôt que préoccupée, comme si elle avait obtenu ce qu'elle voulait, et décidée à avorter comme elle s'y était engagée vis-à-vis de son partenaire et d'elle-même : maintenant que ses relations avec lui allaient bien, elle ne voulait certes pas les perturber avec ce problème. Mais peu après émergèrent la joie que lui donnait ce bébé et le désir de le garder, ce qui provoqua un conflit déchirant, dans lequel la patiente oscillait entre l'agressivité envers le bébé, qui arrivait juste maintenant — lorsqu'elle avait des projets concrets de vie avec son partenaire et de réalisation dans le travail — et qui faisait obstacle à tout, et l'agressivité envers cet homme, qui ne la comprenait pas, ne l'aidait pas, était égoïste et ne pensait qu'à lui-même (bref, qui ne voulait pas l'enfant).

Au moment où elle penchait en faveur de l'arrêt du processus, écartant son instinct maternel, elle fit le rêve suivant : « Un homme, qui n'est pas mon amant, mais lui ressemble assez, m'enseigne, ainsi qu'à d'autres, un vers de rappel pour les canards. J'apprends à le faire très bien. Il faut le faire pour que les canards, qui sont sous l'eau dans une espèce de piscine, viennent à la surface et s'offrent comme cibles aux chasseurs. C'est bien ce qui arrive, mais les canards se transforment en renards lorsqu'ils sortent de l'eau et vont vers la rive. J'entends des coups de feu. Tout de suite après, arrive un loup qui agresse les renards pour son propre compte et en dévore un. Je ne désire pas ce massacre, mais je ne fais rien pour l'empêcher. »

Le canard, comme l'oie et le cygne (qui sont eux aussi des oiseaux aquatiques), représente une féminité primordiale à partir de laquelle, à l'époque archaïque, se forma le mythe de Déméter et Coré et ce qu'il exprime : le destin de la femme, de l'âme, de l'homme[3]. Le canard, de même que les autres oiseaux aquatiques, est un animal qui dépasse les limites humaines parce qu'il peut se mouvoir dans tous les règnes de la nature : terre, eau, air. C'est pourquoi, comme le dit M.-L. von Franz, il représente la *fonction transcendante,* « cette faculté qu'a la psyché inconsciente de guider l'être humain arrêté dans une certaine situation vers une situation nouvelle en le transformant. Chaque fois qu'un individu est bloqué par des circonstances ou par une attitude dont il ne parvient pas à se sortir, la fonction transcendante produit des rêves et des phantasmes qui l'aident à construire, sur un plan symbolique et imaginaire, une nouvelle façon de vivre qui soudain prend forme et conduit à une attitude nouvelle[4] ».

Arrivant à terre, après avoir émergé des profondeurs de l'inconscient, les canards se transforment en renards, c'est-à-dire que le féminin passe d'un stade primordial encore indéfini et totalement inconscient à une forme beaucoup plus évoluée et plus proche du monde conscient.

Mais la patiente se rend compte que les canards sont devenus des renards au moment où le loup en happe un. Il s'agit d'une opposition archétypique entre principe masculin et principe féminin, au niveau archaïque, subhumain ; le loup représente en général un principe masculin négatif (dans la femme un *Animus*) agressif, dévorant, insatiable, qui en veut toujours plus dans le sens de l'avidité de pouvoir ; le renard, par contre, est la nature féminine instinctive, en tant qu'ingéniosité et intelligence de l'instinct (astuce, ruse, prudence, sagesse) ; il est l'aspect primitif de l'intelligence, qui fonctionne au niveau instinctif, non rationnel et se manifeste sous forme d'astuce, de capacité d'utiliser ses intuitions et ses ressources, d'imaginer mille expédients, de flairer le danger et de savoir s'en défendre, d'être prudent et circonspect et de tromper l'ennemi[5].

Quand les canards arrivent à terre, c'est-à-dire quand le principe directeur féminin entre en contact avec la situation réelle de la patiente et doit engendrer le processus de transformation de sa personnalité, les canards se transforment en renards. Mais aussitôt le loup agresse les renards et en déchire un. La patiente assiste et subit : de même que son Moi a été écrasé par l'homme et le pouvoir de l'*Animus* négatif (l'homme du rêve), le renard ne sait pas se défendre contre le loup.

Ici le conflit entre masculin et féminin, entre nature et esprit, devient destructeur et tend à provoquer une dissociation : l'*Animus* négatif place cette femme dans un conflit insoutenable entre ses exigences féminines naturelles et les énergies masculines de sa personnalité. Le risque est la perte des valeurs féminines à peine récupérées. Ce n'est pas encore un *Animus* en rapport positif avec le Moi féminin, qui défend le fils de la relation féconde entre le Moi et l'inconscient ; au contraire, l'*Animus* en l'occurrence cherche à détruire le féminin en tant que nature qui crée et garde la nouvelle vie. Dans cette situation, la seule chose que la patiente pouvait faire était de chercher à retrouver son instinct, c'est-à-dire à redonner vie et vigueur au renard. Mais les renards du songe sont incapables d'utiliser leurs dons d'astuce, ils sont « à peine nés », ils ne sont pas encore capables de flairer le danger.

Cette patiente était une jeune femme de vingt-quatre ans, intelligente, hyperactive, plutôt rationaliste, pleine d'intérêt pour le domaine spirituel, mais complètement ignorante des processus psychologiques de gestation et de transformation, de cette réceptivité active qui sait soigner et laisser croître la nouvelle vie, encore invisible, dans la compréhension et dans l'amour. Le rêve l'impressionna beaucoup, il la toucha au niveau émotif : elle sentit que renoncer au bébé signifiait « étouffer » son processus d'individuation *dans l'œuf.* Mais le rêve par lui-même ne laissait rien augurer de bon : de fait, l'avortement, que la patiente voulut faire à mon insu par peur d'être influencée par mes interprétations, produisit un état de possession par l'*Animus* négatif très pénible et apparemment sans issue.

J'ai mentionné cet exemple parce qu'il me semble éclairer, bien mieux que de longs discours théoriques, le problème de la maternité, qu'elle soit biologique ou psychologique et symbolique. Aujourd'hui nous rencontrons sur cette question les jugements, opinions et vécus les plus divers. On parle de l'émancipation de la femme et on soutient qu'elle ne doit plus être « prisonnière du rôle biologique », que son utérus lui appartient et qu'elle peut en faire ce qu'elle veut, qu'elle doit être active et non passive, penser et utiliser sa propre cervelle et décider toute seule. L'avortement dans un certain sens est devenu le symbole de la libération de la femme, affiché presque comme un défi contre le pouvoir masculin. Mais, comme l'observe Letizia Comba, même les femmes qui ont fermement décidé de ne pas avoir d'enfants, pour préserver leur liberté professionnelle et humaine dans un monde de valeurs masculines, « tombent souvent enceintes quand même... car leur corps, qui ne veut pas être privé de sa richesse, se révolte[6] ».

Quand on oublie son propre corps, celui-ci tend à s'imposer au Moi avec la force persuasive et irrésistible de ses besoins, en contradiction avec les désirs et les intentions conscientes. La violence de l'avortement, qui vide brutalement le corps de sa richesse vitale et créative, en est d'autant plus grave. La dissociation entre le Moi et l'inconscient peut devenir dramatique. J'ai connu une femme qui se soumit tranquillement à l'anesthésie pour interrompre sa grossesse. Mais, une fois endormie, elle commença à crier aux médecins : « Assassins, assassins, ne touchez pas à mon enfant ! » Evidemment, personne n'osa intervenir. Quand la femme se réveilla, elle était de nouveau tranquille et convaincue que l'intervention avait eu lieu. Mais lorsqu'elle apprit ce qui s'était passé, elle décida de garder l'enfant.

Aussitôt après un avortement, la femme montre souvent un comportement incroyablement inconscient et irresponsable en ce qui concerne le contrôle de sa fécondité : il m'est arrivé de devoir aider certaines patientes à prendre conscience de leur désir nié de maternité pour leur éviter une deuxième grossesse immédiatement après l'avortement.

Les femmes qui ont avorté éprouvent un sentiment de « perte de soi » et de mutilation physique lié à l'interruption soudaine du processus de transformation de leur corps commencé avec la grossesse. Elles ont alors souvent des dépressions et vivent des moments d'impuissance, d'incapacité, de renoncement et d'inefficacité. La femme semble littéralement « vidée » de tout intérêt et de tout projet d'avenir[7].

Les études anthropologiques d'Ida Magli[8] donnent des informations qui éclairent le phénomène de l'avortement et aident à le comprendre. Dans toutes les sociétés, l'avortement a toujours été considéré comme un phénomène anormal. Comme l'enfant représente pour les parents leur survie et la continuité de la vie, prenant la signification de « victoire sur la mort », l'avortement, ou la naissance d'un enfant mort ou difforme, met la mère dans un état « impur » qui constitue un danger non seulement pour le mari, mais aussi pour la communauté. Dans les croyances de nombreuses populations d'Afrique, la femme qui a avorté fait mourir les animaux et provoque cécités et famines. Le mari d'une femme qui a accouché d'un mort-né craint pour sa propre vie, c'est pourquoi il l'isole loin du village pendant un mois. Chez les Esquimaux de la terre de Baffin, une femme qui a avorté doit le confesser au chaman, qui doit la soumettre à un rituel de purification.

Cette signification irrationnelle de déviation dangereuse par rapport à l'ordre naturel semble confirmée par l'enquête de Kellerhals et Pasini[9], d'où il ressort que la femme ne considère que rarement l'avortement comme « un événement bénin ou insignifiant ». Le plus souvent elle le sent comme « un événement important », voire « capital » de sa vie.

Il est intéressant de noter que le sentiment de culpabilité que donne un avortement est plus grand lorsque la femme a déjà des enfants, c'est-à-dire justement quand elle est dans une situation où elle devrait, d'un point de vue exclusivement rationnel, se sentir plus autorisée à avorter.

Selon Szontag, la tentative effectuée pour dissuader d'avorter donne les mêmes résultats : la majorité des femmes qui ont décidé de garder l'enfant après avoir écouté les battements de cœur du fœtus étaient multipares[10].

Il me semble donc évident que le sentiment de culpabilité que procure l'avortement et l'angoissante ambivalence qui s'ensuit ont des causes non objectives et rationnelles, mais profondément instinctives et émotives : la femme qui a déjà été mère, c'est-à-dire qui a pris conscience de son instinct maternel dans son rapport avec son enfant, vit l'avortement de façon plus conflictuelle et dramatique. Il ressort de l'enquête de Kellerhals et Pasini que le sentiment de culpabilité que ressent une femme après un avortement est directement proportionnel au nombre d'enfants qu'elle a déjà eus[11].

Le problème moral de l'avortement se pose donc au niveau individuel et subjectif, il n'est pas d'ordre social ou religieux. L'influence de la religion en la matière semble très mince[12]. L'anamnèse des femmes qui se sont fait avorter plusieurs fois fait apparaître des situations traumatisantes et des carences affectives dans l'enfance (mort d'un des parents, abandon, divorce, conflits familiaux : en particulier une mauvaise relation avec la mère, souvent refusée en tant que modèle d'identification, semble déterminante) [13].

Paradoxalement, le recours répété à l'avortement ne semble pas dériver d'une absence de désir de maternité, mais au contraire d'un besoin viscéral irrépressible, et par conséquent incontrôlable, de devenir mère [14]. Evidemment les « récidivistes » sont des femmes ayant une personnalité très infantile, caractérisée par des tendances dépressives, par leur dépendance et leur passivité. Ce qui peut expliquer leur incapacité de contrôler leur fécondité. Le désir inconscient de grossesse constitue une résistance psychologique, difficilement surmontable, à l'emploi de contraceptifs efficaces [15]. D'après l'enquête de Kellerhals et Pasini, la fréquence du recours à l'avortement est totalement indépendante du jugement moral émis sur l'avortement [16].

Pour comprendre plus parfaitement ces vécus féminins, je crois utile de tenir compte de certaines expériences psychologiques de la mère au cours de l'accouchement et après la naissance de l'enfant. D'après la recherche de Carol Baumann [17], plusieurs femmes se sont senties portées par le courant de la vie qui se répandait en elles et ont vécu une expérience indicible de plénitude sacrée, qui semble avoir le caractère numineux de la perception du Soi [18]. La naissance représente une transformation de la femme, qui meurt à son état précédent et renaît comme mère chaque fois qu'elle met au monde un enfant. Dans ce contexte, le moment de la « reconnaissance » de l'enfant est particulièrement significatif.

A travers la reconnaissance du bébé en tant que *cette réalité* d'une vie neuve et unique, la mère fait l'expérience d'une transformation et d'un renouvellement de sa propre personnalité : l'archétype de la Grande Mère, qui crée une nouvelle mère, est activé en elle, au moment de l'acte créateur qu'est la naissance. La recherche de C. Baumann met en lumière l'évidence dramatique de cette expérience de mort et de renaissance, dans le matériel conscient et inconscient fourni par une trentaine de femmes de quatre nationalités différentes. Je ne citerai ici, à titre d'exemples, que quelques cas particulièrement significatifs.

Une femme allemande de vingt-cinq ans consacrait toutes ses énergies à son activité professionnelle de médecin. Elle était de ces personnes fortunées, « nées coiffées », mais l'amour et la maternité ne trouvaient pas de place dans sa vie et étaient projetés dans l'avenir sous forme d'espérances et de désirs assez vagues. Elle rêva d'avoir accouché et de regarder son bébé avec un sentiment de bonheur indescriptible. Mais quand le bébé ouvrit les yeux, la rêveuse vit avec terreur le regard d'un fils de Dieu dans la Passion ou d'un animal souffrant. « C'était comme si je regardais dans une profondeur sombre, abyssale d'où me contemplait la souffrance du monde. »

La naissance de l'enfant-animal divin indiquait l'imminence de la transformation de la personnalité : la féminité et la vie instinctive, réprimées et non développées à cause de l'activité professionnelle, demandaient maintenant — avec la force et la violence d'une douleur absolue, totale, dans laquelle se révélait l'exigence du Soi — que mourût l'état de jeune fille libre et ignorant de l'*Éros* afin qu'advînt l'initiation à la maturité de femme et de mère. En effet, peu de temps après, la rêveuse rencontra l'homme qui devint son mari et dont elle eut un fils.

Une autre femme, américaine, qui avait eu une grossesse très difficile, risqua de mourir au cours de l'accouchement. Quand elle se sentit mieux et put voir sa petite fille, elle eut l'impression qu'elle assistait à un véritable miracle, que c'était « le miracle de toute la vie » et qu'elle « participait au grand processus de la création ». Il semble que dans ce cas le fait d'avoir été effleurée par la mort ait contribué à intensifier l'expérience numineuse d'initiation à une nouvelle phase de la vie, qui correspondait à des exigences instinctives très profondes, archétypiques. Cette femme dit que les trois semaines qui ont suivi l'accouchement ont sans doute été le moment le plus plein, le plus heureux et le plus intense de toute sa vie.

Le dernier cas que je désire citer concerne une femme allemande de trente-deux ans, qui exerçait la profession d'avocat, comme son mari. Elle était satisfaite de ses rapports avec lui, bien qu'elle fût frigide. Mais elle était malheureuse car elle n'arrivait pas à avoir d'enfants, et c'est ce qui la décida à faire une analyse. Elle rêva qu'elle se trouvait dans un château médiéval à la recherche d'un fuseau et qu'elle réussit à l'arracher à une vieille qui ressemblait à une sorcière. Après avoir rencontré une autre vieille, bienveillante et souriante, qui semblait approuver le vol du fuseau, la rêveuse qui se trouvait dans un passage souterrain en vit l'issue : dehors il y avait un champ de blé, dans le soleil de l'été. Elle se dirigea vers la sortie, mais se rendit compte qu'une femme inconnue venait à sa rencontre et que la galerie rétrécissait de plus en plus, au point qu'il devenait impossible d'aller plus avant. Lorsqu'elle se trouva face à face avec l'inconnue, celle-ci ouvrit son manteau avec une rapidité foudroyante, et elle vit avec une horreur indicible que c'était la Mort ; elle tomba dans les bras du squelette couvert d'un vêtement de laine rouge et se réveilla dans un bain de sueur.

Le fuseau est un symbole de la vie et du destin, en tant qu'instrument avec lequel la Grande Mère file la vie des hommes[19]. Les Moires en Grèce, les Parques de l'ancienne Rome, les Nornes dans les pays germaniques filaient et taillaient le fil de la vie des hommes. Il fut un temps où la coutume voulait que la jeune fille, lorsqu'elle avait appris à filer, devait recevoir de sa mère un fuseau : elle prenait ainsi en main son propre destin, le devoir d'accomplir sa vie de femme, transmis de mère en fille.

La réalisation de la maturité féminine est représentée dans le rêve par le champ de blé : de même que le printemps représente la jeunesse, l'été représente l'état de femme adulte et mère. Mais ce passage d'une étape à la suivante ne peut se réaliser sans la rencontre avec la Mort. Après avoir obtenu la protection et l'accord de la Grande

Mère (la vieille bienveillante), la rêveuse doit faire l'expérience de sa mort en tant que jeune fille, avant de renaître comme femme adulte et mère. Le rétrécissement des murs de la galerie ressemble beaucoup au moment de l'accouchement. L'expérience de la mort et celle de la naissance ont une affinité profonde qui les réunit constamment dans leurs manifestations. Quelques mois plus tard, cette femme était enceinte.

Autrefois beaucoup plus qu'aujourd'hui les femmes risquaient de mourir au moment de l'accouchement. Mais de nos jours aussi les femmes qui doivent accoucher peuvent avoir peur et avoir des idées de mort, dont la signification psychologique est de les préparer à mourir à l'ancienne façon d'être pour renaître à un état nouveau. Toutefois, quand on passe de l'examen des faits empiriques aux formulations théoriques, la femme semble être toujours de nouveau confinée dans cette sorte de fatalité biologique, dont dérive sa différence par rapport à l'homme, qui ne peut signifier qu'infériorité sans espoir.

Toutes les théorisations sur la psychologie féminine insistent trop sur la différence entre « masculin » et « féminin », suivant le modèle du comportement sexuel et le processus biologique de la procréation. Jung a été le premier à mettre la femme sur un plan d'égalité avec l'homme dans sa découverte de la composante hétérosexuelle dans l'inconscient *(Anima* ou *Animus)*, qui est un facteur complémentaire et compensatoire essentiel dans la dynamique de la personnalité des deux sexes.

Mais quand certains jungiens parlent de psychologie féminine, ils soulignent souvent beaucoup trop la différence entre masculin et féminin, en tant que *Logos* et *Eros*, actif et passif, pénétrant et récepteur, esprit et matière : ainsi le schéma sexuel et biologique réaffleure en tant que différence discriminante. Si nous ajoutons encore le fait que parfois Jung lui-même parle de l'*Animus* de façon passablement dénigrante et méprisante, il devient difficile de concevoir, dans notre civilisation occidentale, une égalité de la femme qui se réalise moyennant l'évolution et l'intégration de l'*Animus* : *l'Animus* au fond est un pseudo-*Logos*, ou plutôt un *Logos* paradoxal, parce qu'il est un principe de conscience qui est placé dans l'inconscient. Il « donne à la femme des opinions fondées sur des assertions de l'inconscient, et non sur une pensée consciente et précise[20] ».

Ainsi, entre un *Animus* qui ne pourra jamais atteindre à la différenciation et au développement du *Logos* conscient masculin, et un principe d'*Eros* qui contient le risque de dépendance, la femme semble être de nouveau poussée dans ses sentiments traditionnels d'infériorité et d'insécurité face au monde masculin qu'elle devrait au contraire — là-dessus tout le monde est d'accord — avoir déjà surmontés. En outre, alors que pour l'homme son développement spirituel et cognitif est parfaitement cohérent et en harmonie avec son identité masculine, avec son Moi masculin et avec le développement de la conscience, chez la femme il peut y avoir conflit entre le développement de l'esprit et du *Logos*, et son identité féminine.

Tout ceci nous aide à comprendre et à justifier les affirmations de tant de jeunes filles d'aujourd'hui qui nient toute différence d'ordre psychologique entre les hommes et les femmes. Au fond, de nos jours, la femme veut avant tout se libérer de tout ce que l'on a dit sur elle, secouer toutes les idées et les images préconçues sur son compte et fuit toute classification différenciatrice entre masculin et féminin, parce qu'elle veut se sentir « égale », puisque « différente » ne pourrait vouloir dire qu'« inférieure ». Mais cette attitude ne doit pas étouffer sa féminité en tant que besoin naturel et profond de gestation et de transformation, en tant que tendance à veiller amoureusement, dans son rapport avec l'inconscient, sur les germes invisibles de nouvelle vie. La féminité sait aimer et laisser croître ce qui est secret, ce qui ne se voit pas et ne se sent pas : elle aime d'instinct ce qui n'est pas encore né, l'invisible, sans y opposer de préjugés et sans émettre de critiques *a priori*. Ce besoin naturel est si fort et « total » chez la femme que, surtout dans le passé, il n'a pu être concrétisé que dans la maternité biologique.

Neumann fait l'hypothèse que la capacité de satisfaire de façon concrète l'impulsion créatrice dans la procréation et les soins maternels à l'enfant s'est toujours réalisée au détriment d'un accomplissement créateur d'ordre spirituel.

La maternité permettrait donc à la femme de satisfaire concrètement ses exigences créatrices sans avoir à craindre la confrontation avec le monde spirituel masculin. Cela a toujours été la « solution de facilité » qui éliminait le conflit entre l'intérieur et l'extérieur, et jouissait du soutien et du « réconfort » de l'approbation de la société patriarcale : dans notre culture c'est à l'homme que l'on a toujours attribué la capacité de créer, tandis que la femme qui écrit, peint, ou se consacre d'une manière ou d'une autre à une activité créatrice, n'est rien d'autre qu'une personne velléitaire, qui se cherche des distractions et des passe-temps futiles, ou bien une frustrée qui doit trouver une compensation à ses propres carences et incapacités dans les domaines familial et affectif.

5.

L'*Animus* individuel, ami du féminin, et l'*Animus* collectif de sceau patriarcal

Le nouveau courant du féminisme tend à affirmer des valeurs différentes de celles des valeurs traditionnelles et à proposer de nouveaux modèles culturels et sociaux en réévaluant la créativité féminine. Un congrès à Milan sur le thème « La femme, l'art, la société » a réuni des femmes de toute l'Italie, travaillant dans les secteurs les plus divers de l'art, qui ont discuté de la difficulté à être prises en considération sur un marché dirigé par les hommes. Pour la société patriarcale, la femme ne se réalise et n'acquiert du respect et de la dignité que si elle est créatrice en tant que mère. Mais à présent la femme se rebelle justement contre la maternité en tant que destin et rôle imposé, elle veut se sentir libre d'avorter et elle ne se contente plus de se réaliser en mettant des enfants au monde. Réaction qui ne serait que trop fondée si elle n'aboutissait, comme cela arrive souvent, à une dévaluation et à une négation des valeurs féminines. L'*Animus* à l'œuvre risque de se conformer, au fond, au jugement collectif qui surévalue le masculin : il importe de se débarrasser des attitudes féminines traditionnelles et d'être capables de déployer les mêmes activités et d'accomplir les mêmes tâches que les hommes, dans tous les domaines.

Hilde Binswanger[1] observe avec pertinence que lorsque l'*Animus* est en rapport négatif avec les qualités féminines de la femme, le féminin ne devient « rien d'autre que » féminin, et est au fond méprisé en tant que tel. Alors la femme prend une *Persona*, c'est-à-dire une attitude envers le monde extérieur, une façon d'apparaître aux autres, qui fait écran à sa féminité réprimée. On peut le voir chez certaines féministes d'aujourd'hui, qui semblent avoir honte d'avoir une vie sentimentale et qui tendent assez souvent, lorsqu'elles ont une relation satisfaisante avec un homme, à le cacher. H. Binswanger affirme que pour soutenir la féminité de la femme, il faut un *Animus* fort, en relation positive avec le principe féminin, puisque les qualités féminines sont encore très sous-évaluées par la conscience collective. Il faut un *Animus* doté d'une force et d'une individualité suffisantes pour s'opposer à la conscience collective dominante. Lorsque la *Persona* qu'assume la femme est marquée de l'empreinte d'un *Animus* préoccupé de prestige, elle l'assujettit au schéma des valeurs collectives masculines qui « empoisonnent la femme dans sa féminité ».

L'*Animus* tendu vers le prestige et vers la *Persona* est en relation négative avec les valeurs féminines : au lieu de les soutenir il les domine et les détruit, isolant la femme des rapports humains, la contraignant à une activité frénétique ou encore à une efficacité rigide et obsessionnelle, l'emprisonnant dans un monde de pouvoir qui exclut l'amour.

La femme possédée par ce type d'*Animus* est compétitive ou esclave d'une quantité de devoirs, dominée par le Surmoi ou par la volonté de pouvoir, et elle est trop préoccupée de *paraître*, pour se laisser *être* ce qu'elle est vraiment, avec ses valeurs de spontanéité, d'humanité, de tendresse et de sentiment. Par ailleurs, il me semble que c'est justement dans le mouvement féministe que la récupération de « l'*Animus* fort », capable de s'opposer aux valeurs culturelles collectives et de revaloriser le féminin en tant que pôle dialectique du masculin, commence à porter ses fruits. Quand Manuela Fraire[2] parle de « nouveau type de communication » féminin, elle entend justement la possibilité et la capacité de reconquérir « l'unité entre le vécu et la communication du vécu lui-même dans lequel sont présents les éléments de l'affectivité et de l'*Éros* », contrairement au langage dominant, qui porte l'empreinte des modèles culturels masculins qui ont ratifié la séparation du *sentir* et du *communiquer.*

La valeur culturelle et politique nouvelle que la femme peut prendre maintenant dépend de la mesure dans laquelle elle « n'est plus la dépositaire inconsciente, mais au contraire le sujet conscient » de ses propres valeurs, que M. Fraire définit comme l'*intuition* en relation dialectique avec le rationnel, la *vie* en relation dialectique avec la pensée. La similitude de cette conception avec la notion jungienne de polarité dynamique entre le masculin et le féminin, entre les valeurs du *Logos* et les valeurs de l'*Éros*, nécessaire pour récupérer l'intégrité de la personnalité, tant individuelle que sociale et culturelle, est surprenante.

« Le sujet politique féminin introduit aujourd'hui dans l'histoire un système de valeurs qui, sans être l'expression de la féminité *tout court**, se fondent sur la récupération des deux pôles qui constituent la personne : le pôle masculin et le pôle féminin. Dans ce sens le "féminin" est l'élément qui permet l'intégrité de l'être, homme ou femme. L'histoire de la pensée se réfère au féminin chaque fois qu'elle essaye d'explorer les zones les plus obscures de l'action humaine. Le féminin signifie donc le lieu aussi où vit le produit des refoulements de l'humanité, et dans ce sens il est encore l'aspect le plus inconnu et le plus méconnu de la personne. » « L'avènement du pôle féminin dans l'histoire garantit cette intégrité de la personne qui est indispensable pour passer à une étape supérieure de la civilisation humaine. [3] »

Un peu plus loin, M. Fraire nous donne même une formulation précise de ce que cela signifie que d'avoir un *Animus* positif, assez fort pour s'opposer à la conscience collective dominante : « Se débarrasser de tout sentiment de culpabilité pour avoir "déçu" les attentes et espoirs que l'on avait fondés sur nous, signifie ne plus demander de

* En français dans le texte.

confirmer notre identité à ceux qui ne nous en avaient jamais donné aucune. »

Le chemin à suivre, d'après M. Fraire, offre un parallèle frappant avec le processus jungien de prise de conscience de l'*Animus* négatif : « En partant de la situation personnelle on arrive, par la confrontation avec les autres, à reconstituer l'identité de l'oppresseur, on apprend à en reconnaître l'idéologie que chacune de nous a introjectée, on découvre que l'on est de connivence avec lui[4]. »

A ce propos je peux citer les rêves d'une de mes patientes, dont le problème central était de s'être laissé dominer par la vision du monde paternelle et patriarcale, selon laquelle la femme doit se laisser conduire par son père ou par son mari et n'est pas capable de faire des choix autonomes ni de prendre des initiatives, qui n'aboutiraient de toute façon qu'à des échecs ; toute initiative individuelle et tout projet indépendant de vie ou de profession sont soupçonnés de velléités, dépouillés de leur signification, et sont donc destinés à échouer. Les deux rêves ont été faits la même nuit.

1. « Mon père est gravement malade. Je veux appeler le médecin, mais je ne me rappelle pas son nom, et même en regardant dans l'annuaire je n'arrive pas à le retrouver. Mon père est en danger de mort, mais je ne suis pas très angoissée, comme je devrais l'être dans une telle situation. »

2. « Je rencontre, sur une place de Milan, une commerçante, forte et robuste, que je reconnais dans le rêve. Puis une de mes camarades de lycée arrive. Les deux femmes parlent entre elles et disent qu'elles vont à un "collectif" féministe, qui se trouve sur cette place. Je suis très peinée parce qu'elles ne me demandent pas d'y participer aussi. Je me sens exclue. »

Le père — auquel la patiente était encore très liée — était un représentant des opinions traditionnelles et collectives sur la femme. Il avait toujours découragé chez la patiente toute réalisation autonome et tout projet et espérance dans le domaine individuel. Il la considérait à l'époque comme une ratée parce qu'à trente ans elle ne s'était pas mariée et n'avait pas réussi ses études de médecine (ce qu'il avait d'ailleurs prédit !). A ce moment-là, il lui avait déconseillé de s'inscrire en médecine non parce qu'elle n'était pas assez intelligente, mais parce qu'elle ne serait pas capable de mener jusqu'à leur terme des études aussi sérieuses et absorbantes.

A la base de ce jugement négatif, il y avait une profonde déception : il aurait souhaité que sa fille devînt architecte comme lui, et donc plus ou moins inconsciemment il tendait à boycotter tout autre type de réalisation qu'elle aurait choisi. Il en résulta que la patiente, qui s'intéressait pourtant beaucoup à la médecine, la ressentit toujours comme « rien d'autre qu'un passe-temps » et ne réussit jamais à se croire capable d'exercer en tant que médecin ; bientôt passer ses examens devint quasiment impossible. Elle ne pouvait franchir le seuil des salles d'examen même lorsqu'elle était bien préparée, parce que « entrer pour passer l'examen » était un acte qui impliquait un choix bien précis contre le père et contre son monde de valeurs. Elle se sentait coupable parce que son autoréalisation l'éloignait du monde de son père et décevait les espoirs et les ambitions qu'il avait placés en elle : elle s'était sentie coupable aussi de devenir femme, parce qu'elle avait cessé d'être « la petite fille de papa ». Ainsi, en n'affrontant pas l'examen — étape nécessaire de son évolution vers sa réalisation personnelle — elle expiait le péché d'avoir trahi l'image de la fille fidèle et dévouée à son père, qui n'aimait en elle que « sa créature », dépendante et grégaire.

Le premier rêve présente une possibilité de « laisser mourir » l'image paternelle, sans que le Moi puisse concrètement l'éviter (la patiente dans le rêve n'arrive pas à appeler le médecin), et sans qu'il réussisse à vivre cette mort comme une catastrophe : elle me dit qu'il « eût été de son devoir d'être bien plus angoissée dans une telle circonstance ».

La possibilité d'évolution née de la rupture de son lien avec son père est présentée, dans le deuxième rêve, sous la forme d'une rencontre avec deux figures d'*Ombres* positives : l'une est la commerçante « forte et robuste », que la patiente me décrivit comme une femme simple, pratique, concrète, qui « sait mener sa barque » dans la vie de tous les jours et ne se laisse pas détourner des objectifs qu'elle s'est fixés ; l'autre est une camarade de lycée, qui avait une personnalité très forte et décidée, savait toujours ce qu'elle voulait et réussissait à le réaliser, contrairement à la rêveuse qui ne parvint jamais à avoir une véritable relation avec cette camarade, parce qu'elle était brusque, revêche et distante ; celle-ci vivait probablement, à l'époque du lycée, l'émergence d'un *Animus* fort, sûr, indépendant et individuel, même s'il était encore plutôt désagréable et grossier.

Comme le dit Marie-Louise von Franz[5], l'*Animus in statu nascendi* est primitif, désagréable et irritant. On le voit dans la jeune adolescente. Pendant cette période, il est très important que les parents, surtout le père, sachent tolérer et respecter cette situation délicate et germinale, parce que l'*Animus* insinue dans la jeune fille ses premiers doutes sur elle-même, donne naissance à sa pensée critique et à sa capacité de s'autocritiquer, jette les bases de sa vision du monde et du problème moral et lui offre des idéaux, des intérêts et des projets de vie. Si, par contre, le père étouffe dans l'œuf ces potentialités en les dévaluant, avec des sarcasmes, en montrant du mépris, la jeune fille peut perdre facilement confiance en ses propres capacités et le courage d'entreprendre d'elle-même quoi que ce soit (surtout s'il s'agit de quelque chose d'individuel, qui se distingue du collectif) et rentrer de façon régressive dans la morale et dans la vision du monde collectives, qui ne lui laissent aucune responsabilité d'elle-même. Une autre de mes patientes cessa d'étudier le piano lorsqu'elle était adolescente parce que son père lui disait qu'elle n'avait pas de talent : et pourtant elle l'étudiait avec passion et son professeur était content de ses résultats.

Dans le rêve, la place où se situe la rencontre est l'endroit où, à l'époque du lycée, la patiente et une autre camarade, qui l'avait « initiée » à la musique classique et à l'art, tenaient des conversations animées et pleines d'enthousiasme.

Le féminisme est refusé en bloc par le père qui n'y voit que fanatisme, hystérie, etc. Dans le rêve le Moi de la patiente souffre finalement d'être exclu par les deux *Ombres* positives (qu'elle avait toujours refusées et repoussées en elle-même) et voudrait prendre part au collectif féministe, où l'on s'emploie à chercher une nouvelle identité féminine, qui doit être soutenue par un *Animus* assez fort pour pouvoir s'opposer à l'*Animus* collectif et traditionnel portant le sceau paternel.

Un autre rêve, qu'elle a eu immédiatement après, illustre encore plus clairement sa situation. Elle y découvre qu'elle est l'objet d'un arrangement matrimonial pris par ses parents : l'homme qu'elle doit épouser est le fils d'un couple d'amis de ses parents, que la patiente décrit comme des personnes isolées, fermées aux rapports humains, qui vivent dans une « atmosphère mortelle ». En outre, elle apprend que la famille du « fiancé » dit du mal d'elle, la critique et la démolit constamment. Le seul qui la défende est un ami, qui dans la réalité a été amoureux d'elle et l'a aidée à se réinsérer dans le monde après la période d'isolement qui a suivi un épisode d'anorexie dans son adolescence. Dans le rêve, la patiente est décidée à ne pas accepter ce mariage.

Nous voyons ici opposés un *Animus* mortel, collectif-parental (le fiancé imposé par les parents) et un *Animus* de vie individuelle : l'ami est justement ce représentant de l'*Animus* « en relation positive avec la féminité[6] », en ce qu'il a aidé la patiente à sortir de son isolement et à retrouver le contact avec la vie du sentiment et des relations. L'inconscient montre combien il serait destructeur de s'apparenter avec l'*Animus* choisi par les parents : l'identité féminine de la patiente en serait anéantie (cf. les critiques destructrices de la famille du « fiancé »). L'image offerte par ce songe d'un mariage convenu par les parents me semble illustrer parfaitement la condition de la femme, à laquelle on a toujours assigné *a priori* un *Animus* « adapté », que ce soit à la mentalité de la famille ou aux tendances culturelles dominantes.

K. Horney dit que « les femmes se sont adaptées aux désirs des hommes et pensent que leur adaptation est leur vraie nature. C'est-à-dire qu'elles se voient ou se sont vues comme les hommes désiraient qu'elles soient ; inconsciemment elles se soumettaient à la suggestion de la pensée virile [7] ». Même la psychanalyse a été influencée par le fait que la femme n'a jamais été considérée que du point de vue masculin : elle aussi a évalué le développement psychologique de la femme au moyen de modèles masculins. La psychanalyse au fond confirme l'infériorité fatale de la femme, sur la base de la différence génitale entre les sexes. Freud a rendu célèbre le mot de Napoléon : « L'anatomie est le destin. » En effet, faire de l'envie du pénis le pivot de la psychologie féminine et du développement psychologique de la femme revient à sanctionner son infériorité insurmontable car fondée sur une base anatomique. Il semble donc que la psychanalyse donne un fondement à l'évaluation traditionnelle de la femme, dans la mesure où l'infériorité organique présupposée sert à expliquer et à justifier une infériorité psychologique et culturelle.

K. Horney observe justement que chez la femme adulte le désir d'être un homme, c'est-à-dire d'avoir un pénis, « est une formation secondaire comprenant tout ce qui a échoué dans le développement vers la maturité féminine [8] ». Il me semble donc que l'« envie du pénis » ne se justifie qu'à cause des avantages réels dont l'homme jouit depuis toujours dans la culture patriarcale et seulement dans la mesure où le pénis y représente l'ensemble des valeurs traditionnellement assignées à l'homme : le travail créateur, l'aptitude à diriger, l'initiative individuelle, le droit de choisir et la capacité de s'affirmer dans tous les domaines, la force, la puissance, la liberté : comment la femme aurait-elle pu ne pas souffrir d'envie ?

Le pessimisme de Freud en ce qui concerne les résultats de l'analyse des femmes, fondé sur le fait que l'analyse ne pourra jamais doter la femme d'un organe mâle, dérive directement de son préjugé à propos de la supériorité masculine, et l'empêche de saisir le simple fait que les femmes qui voudraient être des hommes « expriment symboliquement le désir d'une forme d'égalité avec l'homme[9] ». On peut observer notamment combien — et cela donne une idée de l'« inconscience » du conscient collectif, au sens de l'adoption sans critique des valeurs traditionnelles — les conceptions relatives à la femme et à sa psychologie peuvent être instructives. Gregory Zilboorg[10] parle d'un « préjugé androcentrique » soutenu de façon inconsciente et rigide, qui invalide la théorie psychanalytique, empêchant un examen objectif de la psychologie féminine. À mon avis, tant que l'on n'aura pas soumis à un nouvel examen critique toute une série d'« évidences » fondamentales — d'autant plus rigides qu'elles sont acceptées plus inconsciemment —, la façon de voir et d'interpréter la femme sur les plans culturel, social et psychologique continuera de porter l'empreinte du point de vue masculin, qui transparaît dans le mythe de la création d'Adam et Ève : la femme est une partie de l'homme, créée, dans un deuxième temps, avec un morceau de son corps, sans qu'il s'en aperçoive, pendant qu'il dort. Elle est donc conçue comme une partie inconsciente de l'homme, lui appartenant et en dépendant, faite pour lui, pour lui servir de compagne et d'auxiliaire[11].

Esther Harding mentionne une version féminine du mythe de la création, fournie par une gamine : « Dieu a créé d'abord Adam. Et puis, en le regardant, il a dit : "Je crois que si j'essayais une autre fois je pourrais faire mieux." Alors il créa Ève[12]. » J'ai connu une petite fille que contrariait beaucoup la façon dont Ève avait été créée, pour ainsi dire « dans un esprit d'économie » : avec toute la « poussière de la terre » qu'il avait à sa disposition, quel besoin Dieu avait-il d'enlever une côte à Adam pour faire Ève ? La petite s'imaginait, avec une grande irritation, une Ève minuscule par rapport à Adam, puisqu'elle avait été créée avec un tout petit morceau de son corps.

Je crois que la nouvelle version du mythe fournie par la première petite fille et la contrariété de la deuxième ont la même origine : le sentiment inconscient que la femme a toujours été vue et décrite dans l'optique masculine comme quelque chose qui « est tiré » de l'homme, de « fonctionnel » et d'« instrumental » par rapport à lui. Depuis l'époque d'Ève, la femme est confinée dans le rôle d'*Anima* de l'homme, sans une personnalité et une individualité propres.

Sur ces prémisses, la conception psychanalytique, selon laquelle la femme, pour développer une féminité « normale », doit renoncer de façon masochiste à toute prétention à une réelle égalité avec l'homme et mener une existence passive et grégaire, est tout à fait cohérente : la seule possibilité qu'a la femme de se protéger du masochisme et d'en corriger les excès consiste en une attitude narcissique, infantile, souvent conventionnelle et rigide.

« Là, aucun espoir de voir se réaliser une évolution quelconque ; tout se passe comme si le processus était déjà achevé, à l'abri de toute influence, comme si la pénible évolution vers la féminité avait suffi à épuiser les possibilités de l'individu [13]. » Mais les études anthropologiques, introduisant le concept de relativité culturelle, qui était étranger à la pensée de Freud, ont montré que ses idées sur la femme dérivaient de la situation culturelle, historiquement conditionnée, de son époque. Si nous considérons le comportement sexuel féminin, nous trouvons immédiatement un fait qui a tout l'air d'être culturel, et non biologique : l'espèce humaine est la seule où la femelle peut participer à l'acte sexuel sans excitation [14].

Dans la culture victorienne, où Freud vivait, on croyait que la femme était pratiquement dépourvue de besoins sexuels, aussi exigeait-on d'elle qu'elle sache se contrôler à tout moment : la femme était donc obligée d'inhiber la spontanéité de ses pulsions sexuelles, même après le mariage avec son mari, le laissant utiliser son corps, convaincue que les besoins sexuels qui devaient être satisfaits et dont il fallait tenir compte n'étaient pas les siens, mais ceux de l'homme. Encore aujourd'hui, il n'est pas rare que la femme ait dans ses rapports conjugaux une attitude d'acceptation résignée des droits sexuels de l'homme, qu'il faut « satisfaire », tant par amour (d'où le désir de le contenter) que par peur de le perdre en agissant autrement ; cette peur dénote l'insécurité de la femme dans sa relation avec l'homme et son manque de confiance en soi : elle préfère céder à la projection de l'homme que se montrer, dans sa relation avec lui, telle qu'elle est véritablement.

Ce genre de comportement chez la femme, qui néglige et déprécie son instinct, est dicté par un *Animus* dénigrant qui attaque sa sexualité, son corps et les droits de son *Éros.* C'est là un *Animus* collectif, qui sustente la *Persona* de la femme, au détriment de l'individualité féminine : il est « asservi au maître », c'est-à-dire à la culture patriarcale, et il détermine la femme à se préoccuper de *paraître féminine* selon le schéma de valeurs collectives traditionnelles. Comme dit H. Binswanger, c'est un *Animus* en relation négative avec le principe féminin, tendu vers la *Persona* et le prestige. Cet *Animus* négatif, au lieu de soutenir le principe féminin, le domine et le détruit, et empoisonne la femme dans sa féminité [15].

A ce propos on peut rappeler que la femme a été jusqu'au siècle dernier dressée dès l'adolescence à se cacher derrière le masque d'une *Persona* féminine rigide, hypocrite et conventionnelle (sinon à s'identifier tout à fait à elle). On lui apprenait à cacher son intérêt sexuel, à avoir honte de son corps, à ne jamais devenir agressive ou compétitive, décourageant toute initiative personnelle. L'effet délétère de cet « entraînement à l'insincérité [16] » est que la femme a souvent fini par se convaincre qu'elle était réellement ce qu'elle devait paraître. Vus sous cet angle, les caractères décrits par la littérature psychanalytique comme « typiquement féminins », à savoir la passivité, le masochisme, le narcissisme, le besoin de protection et d'amour, la faiblesse du Surmoi, etc., deviennent tous très suspects.

On pourrait objecter qu'il faut une dose naturelle de passivité et de masochisme pour pouvoir s'adapter à tant de commandements familiaux et culturels. Mais je crois que le trait typiquement féminin, dont l'homme s'est servi pour maintenir la femme dans une position de dépendance, est celui que Jung avait mis en lumière : l'amour de la femme pour les personnes, primant l'amour des choses ou des idées, et le fait qu'elle se laisse persuader par la projection de sentiments masculins, laissant dans l'ombre son propre Moi et ses caractéristiques individuelles, avec le risque de se perdre elle-même de vue et de tomber dans une situation d'infériorité par rapport à l'homme et à son monde de valeurs. Il faut aussi tenir compte, comme l'observe judicieusement C. Thompson, du fait que la femme a été observée, décrite et définie par des hommes, qui n'avaient pas des organes analogues, ni, par conséquent, la possibilité de connaître les expériences féminines physiques et sexuelles, et naturellement psychiques. « Dans le domaine des expériences sexuelles, un sexe n'a pas les instruments adéquats pour s'identifier à l'expérience de l'autre[17]. » Mais comme on a constamment tendance à penser que la psychologie des autres est identique à la sienne propre[18], l'homme ne s'est pas rendu compte qu'il avait du mal à comprendre la psyché féminine.

Depuis le mythe hébraïque de la création, il semble que l'homme ait toujours considéré la femme comme un complément nécessaire, pour lui et ses besoins, qu'il fallait apprécier et estimer d'autant plus qu'elle réussissait mieux à correspondre à ses demandes et à ses attentes. Tant que la femme ne sera pas parvenue à libérer sa pensée de son conditionnement, d'orientation masculine, elle continuera non pas à se voir mais, pourrait-on dire, à se regarder du point de vue d'un corps et d'une identité différents des siens. C'est sur cette façon de voir qui n'est pas la sienne que se structure l'*Animus* dénigrant la sexualité et le corps féminins dont nous avons parlé : il est évident qu'un manque de respect pour son corps et pour ses droits instinctifs crée chez la femme un manque d'estime de soi et de respect pour sa personnalité, et, parallèlement, des sentiments d'infériorité et d'insuffisance.

Dans ce contexte, il n'est pas rare de rencontrer des attitudes où prédominent la réactivité et l'agressivité au détriment de l'esprit d'initiative. On a toujours découragé et condamné l'agressivité chez la femme au nom d'une « respectabilité » féminine qu'elle devait apprendre à maintenir dès le début de son adolescence. L'agressivité est une façon instinctive et primaire d'agir sans réfléchir, mais avec des motifs très souvent valables, comme l'autodéfense, l'affirmation de soi, la révolte contre la condition de renoncement et de résignation ; la décourager et l'inhiber *in statu nascendi* affaiblit l'autodéfense et l'estime de soi. Ce n'est que si l'agressivité est dirigée et canalisée vers des objectifs précis qu'elle peut se transformer en esprit d'initiative, force de volonté, courage, fermeté et ténacité dans l'accomplissement d'une tâche donnée. Le fait que l'on ait systématiquement découragé non seulement — et non pas tant — son agressivité mais aussi toutes les pulsions vitales et propulsives qui la sous-tendent, a encouragé et nourri chez la femme le préjugé de la supériorité de l'homme (l'homme peut, et même doit, se montrer agressif) et jeté les bases de sa condition de victime, avec tout le masochisme qui s'ensuit. C'est pourquoi on constate souvent à l'heure actuelle dans le féminisme, parallèlement à la prise de conscience des droits de la femme, l'explosion de toute l'agressivité réprimée au cours de tant de siècles d'oppression et de conditionnement culturel.

J'ai assisté à un débat sur le thème « Féminisme et politique ». A propos du problème de la communication, on a fait remarquer que les journaux tendent à reléguer le féminisme dans les rubriques relatives aux mœurs ou au folklore, à côté du bridge ou du jardinage, et n'attribuent aucune valeur politique à la volonté des féministes de « faire de la politique sur la vie privée ». Les femmes journalistes refusent souvent d'écrire sur le féminisme car elles vivent la contradiction de ne devoir présenter aux femmes, alors qu'elles sont elles-mêmes femmes, que des produits d'une culture masculine. La responsabilité de cette situation a été attribuée aux hommes *tout court**.

* En français dans le texte.

Mais — me demandé-je — est-ce juste ? Ne serait-ce pas plutôt que les féministes contribuent inconsciemment à cet état de choses, projetant sur les journaux « masculins » cette autorité de la culture patriarcale dont elles ne sont pas du tout aussi libérées qu'elles le voudraient ? Au cours des débats, l'une d'elles a cité des articles détracteurs sur le congrès féministe de Paestum, car il semble que le journaliste qui les avait écrits était présent : cela a suffi pour déchaîner la rage contre les « hommes qui dénigrent et calomnient le mouvement des femmes ». L'explosion d'agressivité contre les « persécuteurs » a été violente, la charge émotive extrêmement forte. On a demandé et obtenu l'expulsion des hommes de la salle.

Lorsque les hommes sont partis, la tension est brusquement tombée : on sentait une atmosphère de dépression et d'impuissance, mais en même temps de refus de la défaite ; des dissensions internes sont apparues. On voyait se manifester la peur de la confrontation avec les hommes, la haine et la rage entre les femmes, et les graves différences de niveau de conscience entre elles. L'une d'elles a décrit, sans le savoir, exactement la situation des femmes possédées par leur *Animus* : elle a dit que le mouvement avait pris l'habitude du dogme et de la ligne féministes ; celles qui ne sont pas « dans la ligne » sont accusées d'hérésie et font l'objet de « discriminations ». Si l'une d'elles a une idée personnelle, elle ne peut pas l'exprimer parce qu'elle a peur de la désapprobation des autres, elle se sent comme « à un examen ». C'est bien pire qu'avec les hommes. Une autre a demandé : « Ne vous rendez-vous pas compte que les hommes, que nous avons chassés, sont encore parmi nous ? Que nous ne parlons que d'eux, que nous ne pouvons nous en libérer ? » On aurait dit qu'elle vivait l'expérience d'une image masculine intérieure écrasante [19]. Une autre enfin a expliqué : « Je n'ai aucun mal à parler avec un homme, je l'agresse et le défie, mais ce n'est pas ainsi que je résous mes contradictions. Cela, je ne peux le faire que lorsque je suis avec d'autres femmes. »

Il y a peut-être là une clé pour commencer quelque

chose de plus constructif : voir la limite d'une agressivité qui ne mène à rien et finit par entraver la prise de conscience de ses propres problèmes. L'animosité névrotique, essentiellement stérile, des féministes contre les hommes m'a paru symptomatique d'un profond manque de confiance dans ses propres possibilités d'initiative et d'affirmation de soi, et d'un mauvais usage de ces mêmes possibilités.

Comme le dit Emma Jung : « J'en suis amenée à conclure que si une femme a un fort *Animus* et qu'elle en est comme possédée, c'est qu'elle ne tient pas suffisamment compte de sa propre spiritualité masculine, de sa disposition au *Logos*, qu'elle ne l'a pas assez utilisée, ou bien qu'elle l'a fait dans une mauvaise direction [...]. Dans sa virilité affichée je vois plutôt qu'un symptôme un signe que quelque chose de masculin en elle veut attirer l'attention[20]. »

Dans le fond les attitudes névrotiques des féministes, dues à leur possession par l'*Animus*, sont des tentatives, bien que manquées, de transformation de la personnalité : la femme aspire à ne faire qu'*une avec elle-même*, à ne plus être la contrepartie féminine de l'homme mais une personne autosuffisante, qui ne vit plus son identité féminine comme une infériorité et une limitation ou comme le complément indispensable de l'homme, mais comme une valeur indépendante.

6.

L'archétype de la femme « vierge » et la résistance à l'*Éros* en tant que réaction de la Grande Mère méditerranéenne à la culture patriarcale

La femme psychologiquement vierge est ce qu'elle est parce qu'elle l'est[1]. De ce point de vue on peut retrouver l'image guide de la femme dans l'antique déesse Artémis et dans le personnage mythique de l'Amazone. En 1934 déjà, Toni Wolff décrivit dans un essai sur la typologie féminine[2] le type de l'« Amazone » : la femme qui est indépendante de l'homme parce que son développement n'est pas fondé sur une relation psychologique avec lui. Elle cultive des intérêts objectifs et vise des réalisations objectives. T. Wolff dit que notre époque, avec la multiplicité d'objectifs et de possibilités qui s'ouvrent à la femme, est favorable à l'évolution de ce type psychologique. La culture patriarcale judéo-chrétienne manque totalement d'une image divine féminine qui correspond à la déesse vierge de l'antiquité païenne. Elle souligne aussi l'importance du symbole religieux en tant qu'expression de l'homme entier et attribue le manque d'assurance et la désorientation de la femme, en ce qui la concerne elle-même, au fait qu'elle n'a pas eu, devant elle, symbolisé dans une image divine, son principe féminin dans toute sa complexité[3]. La Vierge Marie est vénérée, mais elle n'est pas adorée comme une divinité, et dans le protestantisme elle a été abolie. Nous pouvons donc définir la Vierge Mère de Dieu comme une image divine de deuxième ordre et dépendante, un instrument de la Trinité masculine : elle est le « sein immaculé », vénéré à cause du dieu qu'elle a été appelée à porter. Elle est une forme destinée à contenir plus qu'une substance ayant en soi sa propre valeur, elle est plus objet que personne, elle ne s'éloigne pas du vieux modèle de la femme vue toujours et seulement comme mère qui trouve dans la procréation le seul objectif de sa vie et sa seule raison de vivre.

Les figures mythiques et divines, qui exprimaient toute la complexité du principe féminin dans le monde païen, semblent avoir définitivement disparu, sans laisser de traces dans les époques successives. Les Amazones étaient un peuple mythique féminin qui, d'après les légendes les plus anciennes, vivait hors de la Grèce, et était donc un peuple « barbare » : on a déjà là un signe de l'étrangeté, de la non-appartenance des Amazones au monde des valeurs culturelles que les Grecs reconnaissaient comme leurs.

Dans l'organisation sociale des Amazones, toutes les activités supérieures — traditionnellement masculines — étaient réservées aux femmes : le gouvernement de l'État, l'utilisation des armes, les guerres, les expéditions, la fondation de villes. Les hommes étaient ou totalement absents, ou gardés comme esclaves pour faire le ménage, estropiés aux bras et aux jambes pour qu'ils ne puissent se servir d'armes. Les Amazones ne rencontraient les hommes du peuple voisin qu'une fois par an, et uniquement à des fins de procréation : la rencontre se déroulait dans l'obscurité de la nuit, de façon à ce que le père restât anonyme. Nous voyons ici un renversement des rôles : ce n'est pas la femme mais l'homme qui sert d'instrument pour la conservation de l'espèce.

Le nom grec *Amazón* signifie « privé de mamelle » *(a-mazós)* et fait allusion au fait que les Amazones brûlaient le sein droit de toutes leurs filles dès l'enfance, pour avoir une plus grande liberté de mouvement dans l'utilisation du bras droit, qui devait jeter les lances et tirer les flèches. Les épithètes les qualifiant sont éloquentes : « égales aux hommes » *(antiáneirai)*, « qui haïssent les hommes » *(stugánores)*, « qui tuent leur époux » *(androctónoi)*. Cette dernière épithète fait probablement allusion à une version du mythe selon laquelle les Amazones étaient à l'origine un groupe de femmes qui avaient tué leurs maris parce qu'ils les maltraitaient. Dans les régions qui, d'après le mythe, étaient les lieux d'origine des Amazones, il y avait une structure religieuse matriarcale : les Amazones sont « les filles de la Grande Mère » de l'Asie Mineure.

Le problème des Amazones est traité dans un essai de René Malamud[4], qui établit un rapport entre les Amazones et les Ménades de Dionysos[5] : tant Arès (père des Amazones) que Dionysos (dieu des Ménades)[6] « révèlent une tendance extatique, Arès dans sa furie agressive, Dionysos dans la *mania*[7] d'un esprit enivré par la nature[8] ». En effet, Dionysos est la seule divinité masculine qui soit en relation avec les Amazones, en dehors de leur père Arès.

Dionysos est un dieu des femmes, c'est-à-dire une image d'esprit qui appartient à la nature féminine. Dans le culte orgiastique de Dionysos, pendant les fêtes bachiques, les Ménades entraient dans un état de fureur sacrée : elles couraient sur les montagnes, au son assourdissant des cymbales, des timbales et des flûtes, traînant chacune un faon, incarnation du dieu. Au paroxysme de l'excitation elles mordaient dans l'animal et le mangeaient, absorbant ainsi la vie du dieu. Dans cet état de possession divine, les Ménades pouvaient prophétiser et accomplir des prodiges : la signification agraire de Dionysos associe les Ménades aux pouvoirs actifs de la végétation et de la nature.

Arès et Dionysos représentent un type de spiritualité qui appartient à la nature féminine. C'est ainsi que nous trouvons dans le mythe grec un fondement archétypique à ce que soutient M.-L. von Franz : « l'*Animus* est principalement une sorte d'esprit divin archaïque, mais il est aussi lié à notre nature instinctive animale. Dans l'inconscient, esprit et instinct ne sont pas opposés. Bien au contraire, de nouveaux germes spirituels se manifestent souvent, pour commencer, par une poussée de libido sexuelle ou d'autres pulsions instinctives qui ne développeront que plus tard leur autre aspect. Cela vient de ce que tous deux sont engendrés par l'esprit de nature, par le sens intérieur à notre structure instinctive. Chez certaines femmes, l'esprit n'est pas encore différencié et conserve des caractères émotifs archaïques et instinctifs : c'est pourquoi elles ont tendance à s'exciter lorsqu'elles s'adonnent à une activité intellectuelle véritable [9]. »

Le modèle de représentation que nous offre Dionysos (et aussi, en partie, Arès) peut être très utile pour comprendre d'une façon plus objective, non obscurcie par des préjugés, la nature fondamentale de la personnalité féminine ; le modèle de la personnalité féminine consciente, qui est en relation avec cet *Animus* archétypique, est représenté par l'Amazone en tant que personne capable d'une complète autonomie : l'Amazone est celle qui *se suffit à elle-même*, et elle est essentiellement androgyne.

A travers cette analogie avec les Ménades, nous découvrons dans ce type de personnalité féminine l'existence et la signification positive des émotions suscitées par l'esprit et le *Soi*. En effet, ce type de femme n'est rien moins que dénué d'émotions et de sentiments. Le mythe décrit toujours l'attitude d'hostilité des Amazones envers les hommes comme une réaction justifiée : ou il s'agit d'épouses maltraitées par leur mari, ou l'Amazone découvre — après avoir accueilli amicalement le héros et s'être montrée généreuse avec lui — que celui-ci l'a trompée et trahie [10].

La caractéristique des Amazones est de ne pas accepter d'être écrasées par l'homme, ni de lui être soumises. Leurs sentiments sont toujours nobles et généreux — d'après, évidemment, le modèle de l'héroïsme dans la culture grecque antique : il suffit de penser à Achille dans l'*Iliade*, ou à Etéocle et Polynice qui s'entretuent, dans *Les Sept contre Thèbes* d'Eschyle. D'après le mythe, les Amazones sont des filles d'Arès et de la nymphe Harmonie, elle-même fille d'Arès et d'Aphrodite : nous pouvons donc voir les Amazones comme des filles de la déesse de l'amour, sous une forme rénovée et rajeunie. De l'union des principes opposés, la guerre et l'amour, une véritable *coniunctio opposito-*

rum, naît une créature hermaphrodite ayant des caractéristiques féminines.

Arès n'est pas seulement destructeur et agresseur, il est aussi le principe masculin, actif et fécondant, le « père de Niké » (la Victoire), le « soutien de Thémis » (la Loi, la Justice), « dispensateur de la jeunesse pleine de courage[11] ».

Aphrodite est la déesse de l'amour, du désir sexuel et de l'attraction réciproque, de la fécondation et de la génération, de la vie qui renaît, de tout ce qui fleurit et donne des fruits. En tant que femme, elle est la déesse de la beauté, de la grâce et de la séduction féminines. Elle affirme la loi cosmique de l'amour, une des lois suprêmes qui gouvernent le monde. Tous les dieux, jusqu'à Zeus, sont assujettis au pouvoir d'Aphrodite, sauf Artémis, Athéna et Hestia (Vesta)[12] : les seules divinités qui se soustraient à la loi de l'amour sont donc féminines.

Ce qui suggère une sorte d'incompatibilité archétypique entre certaines formes de vie et de réalisation féminine et certains modes d'expression du monde de l'*Éros* (contrairement à ce qui arrive dans l'univers masculin).

Hestia est l'âtre en tant que centre de la maison et siège de la chaleur et de la préparation de la nourriture. Elle représente l'aspect statique et immuable du féminin, à l'exclusion de l'aspect dynamique : c'est pourquoi elle est vierge, et reste toujours immobile sur son trône[13]. Son affranchissement de la loi d'Aphrodite revêt le sens d'une préservation de cet aspect archétypique du féminin, qui reste immuable et immobile au-delà de toute transformation.

L'apparition du culte du foyer, présent dans tous les peuples indo-européens, marque probablement le passage de la vie nomade des pasteurs à la vie sédentaire des agriculteurs, qui avaient une maison et un lieu de résidence fixes. L'âtre, au centre de la maison, était aussi l'autel originel, autour duquel les membres de la famille se réunissaient pour offrir des sacrifices aux dieux. La garde du feu devint ainsi le symbole de la sécurité et de la solidité des liens les plus sacrés, d'abord familiaux, puis sociaux, étatiques et patriotiques. A Rome, le temple rond de Vesta a la forme de l'antique maison ronde au centre de laquelle se trouvait l'âtre. Ce dernier indique que la féminité est le centre de la vie de la maison et représente cette aire de domination féminine qui s'est maintenue intacte depuis la fin de l'organisation religieuse matriarcale. Depuis les temps les plus reculés, c'est le lieu sacré qui offre protection et sécurité même à l'étranger.

Seule parmi les dieux de l'Olympe, Hestia ne participe jamais aux guerres et aux querelles. C'est la plus douce et la plus charitable des déesses, la protectrice des suppliants. Elle représente la sécurité des affections, la concorde familiale : d'après le mythe, elle inventa l'art de construire les maisons, c'est-à-dire de créer le lieu où une stabilité et une continuité des affections deviennent possibles, symbolisées par le feu de l'âtre, centre émotif de la vie relationnelle. Autour du feu tout le monde se réunit, on mange ensemble et on parle, on invoque ensemble les dieux. Hestia, la déesse vierge étrangère aux guerres et aux querelles, est le principe non conflictuel du féminin, toujours égal à lui-même, fixe et immuable, qui a une fonction nécessaire au sens compensatoire, compte tenu de l'extrême variété des aspects apparemment contradictoires et inconciliables qui coexistent dans la psyché féminine, et les étapes de transformation psychophysiques auxquelles la femme doit accéder dans le processus de maturation de sa personnalité, qui renversent et bouleversent tout son être.

Rien de tel n'arrive au garçon : son être reste toujours univoque, à tout moment de son évolution physique et psychique. Il peut *ne pas dépendre* de la rencontre avec la femme et du rapport sexuel, *ne pas appartenir* à l'événement de la fécondation, et y rester extérieur ; et même lorsqu'il y participe, parce qu'il aime sa femme et son fils, son identité et sa vie restent libres d'un engagement et d'une transformation totaux. La femme, en revanche — comme me dit un jour une féministe —, si elle est fécondée reste dépendante de cet événement certainement pendant neuf mois, presque toujours de nombreuses années, et elle se trouve engagée dans une expérience qui la transforme radicalement, ainsi que sa vie.

Les paroles d'une noble abyssine, citées par Frobenius, me viennent maintenant à l'esprit : « La vie de la femme est entièrement différente de celle de l'homme. Celui-ci est toujours le même, du jour de sa circoncision jusqu'à sa vieillesse. Il est le même avant sa première rencontre avec une femme et après. Par contre, le jour où une femme connaît l'amour pour la première fois scinde sa vie en deux. Ce jour-là, elle devient une autre. Après son premier amour l'homme est pareil à ce qu'il était auparavant. Après le jour de son premier amour, la femme est une autre. Il en est ainsi toute sa vie durant. L'homme passe une nuit avec une femme, puis il s'en va. Sa vie et son corps restent toujours pareils. La femme conçoit. En tant que mère, elle est différente de la femme sans enfants. Et surtout, elle porte dans son corps durant neuf mois les suites de cette nuit. Dans sa vie quelque chose croît qui ne disparaîtra jamais plus. Elle est mère. Elle est et restera mère même si son enfant, même si tous ses enfants devaient mourir, parce qu'elle a porté son enfant sous son cœur. Mais ensuite, l'enfant né, c'est dans son cœur qu'elle le porte — et il n'en sortira plus, même s'il meurt. L'homme ne connaît pas tout cela, il n'en sait rien. Il ignore la différence entre, “avant l'amour” et “après l'amour”, entre avant la maternité et après la maternité[14]. »

C'est pourquoi la présence rassurante d'Hestia est nécessaire, Hestia qui représente tout ce qui demeure archétypiquement chez la femme solide et immuable, égal à soi-même, au-delà de tout changement. Elle est la sécurité, le point ferme, le centre inaltérable de l'être, le feu permanent en tant que continuité de la vie des sentiments, dont toute femme a besoin, pour se retrouver elle-même chaque fois qu'elle se sent bouleversée par des situations qui la désorientent ou l'aliènent trop gravement. Cette solidité et cette stabilité fondamentales de la femme trouvent leurs racines et leur justification dans la constance de son engagement affectif au sein de la famille.

Dans ses moments de préoccupation, d'anxiété, voire de désespoir, la femme reste d'ordinaire fidèle à ses devoirs essentiels dans la maison : mettre de l'ordre, prendre soin de ses enfants, préparer les repas, tous ces actes deviennent alors les points fermes et fixes de sa vie qui confèrent stabilité et fermeté à son caractère, et dans lesquels elle cherche refuge et protection contre des changements brusques et cruels qui la bouleversent (une maladie, un malheur, une mort) [15]. C'est la signification d'Hestia : une sécurité de la vie affective et un principe de stabilité qui survit à tout devenir et à toute transformation.

Par contre Athéna et Artémis présentent une intégration de la composante masculine, qui implique le renoncement au « purement féminin ». Je crois qu'il s'agit du sacrifice de ce charme féminin avec lequel la femme séduit l'homme de façon « mystérieuse » — presque magique — aux yeux de ce dernier, et exerce sur lui son propre pouvoir.

A ce propos, il convient de tenir compte du fait que la femme est profondément conditionnée par l'esthétisme de l'*Anima* de l'homme. Comme le remarque M.-L. von Franz [16], un des problèmes les plus graves de l'homme est son incapacité de tomber amoureux d'une femme laide, parce qu'il ne réussit pas à séparer son sentiment des valeurs esthétiques. L'*Anima*, la femme idéale en lui, qui porte les valeurs les plus hautes, a toujours la beauté surnaturelle, éclatante, splendide et éternelle d'une déesse. Ce qui a profondément influé sur les canons culturels collectifs. Jusqu'à il y a peu, une mère qui avait une fille belle et séduisante lui disait que ce n'était pas la peine de faire des études trop sérieuses, ni de chercher un travail, parce qu'elle trouverait certainement un mari.

L'homme inconscient de son *Anima*, qui n'a pas établi avec elle une relation féconde (c'est pourquoi l'*Anima* est restée à un stade primitif et indifférencié), n'arrive pas à établir un contact avec le féminin en tant qu'*autre que soi*, c'est-à-dire à se sentir lui-même comme homme et à sentir l'autre en tant que femme, que lorsqu'elle déclenche en lui un sentiment d'attirance physique, qui dépend généralement de facteurs esthétiques assez fixes et typiques. Or, la *coniunctio oppositorum* entre l'homme et la femme, qui permet à cette dernière (et à l'*Anima*) d'engendrer l'enfant qui sera la synthèse nouvelle et créative de sa personnalité, et d'être pour l'homme la compagne inspiratrice de sa réalisation dans la vie et dans ses œuvres, est très difficile à réaliser sans une attraction physique et une expression vécue de la sexualité : on comprend donc sans peine pourquoi la femme a toujours cherché à s'adapter aux canons collectifs masculins de beauté et de séduction, presque toujours au détriment de la réalisation de sa propre personnalité.

Comme l'observe Emma Jung, l'augmentation de sa conscience signifie pour la femme la perte d'une bonne dose de son pouvoir sur l'homme. Elle doit sacrifier sa tendance instinctive et naturelle à attirer la projection de l'*Anima* de l'homme. Si elle vit uniquement en tant qu'*Anima* de l'homme, les mobiles de son Moi et de ses actions restent inconscients. Par contre, si elle prend conscience d'elle-même et des valeurs spirituelles de l'*Animus*, alors elle devra sacrifier cet état d'inconscience et la secrète volonté de prestige et de pouvoir qui est à la base de sa séduction : vivre comme incarnation de la projection de l'homme signifie rester dépendante et inconsciente, ne pas assumer la responsabilité d'elle-même, ne pas développer sa propre conscience morale ni son autonomie. Mais pour pouvoir *être*, il faut renoncer à *plaire* toujours et à tout prix. C'est là un sacrifice grave, une sorte de mutilation sanglante, une blessure volontaire au narcissisme féminin : le mythologème du sein brûlé des Amazones l'exprime clairement.

Actuellement les très jeunes féministes ne veulent pas se distinguer beaucoup de leurs compagnons : elles ne se maquillent pas, portent des chandails informes, de larges vestes et des jeans usés, des tennis ou des sabots. Elles contestent l'attitude des garçons qui « les jugent tous les matins à l'école comme on juge un tableau, une sculpture, en soupesant chaque défaut et qualité physiques[17] ». Dans leur extrême jeunesse, dans la vitalité et la solidarité de leur colère, elles trouvent ce courage quand beaucoup d'autres, plus mûres et plus réfléchies, déjà marquées par les années et la solitude, n'y parviennent pas encore, justement parce qu'elles sont plus conscientes, plus capables d'évaluer la gravité et la portée d'un sacrifice très douloureux et amer. Mais ce n'est peut-être qu'à travers ce sacrifice, qui met en danger l'exigence la plus vitale pour la femme, nommément l'*Éros* en tant que principe de relation et d'union avec l'homme, que celle-ci pourra progressivement modifier l'attitude de l'homme envers la femme, l'amenant à pouvoir être attiré aussi, sinon surtout, par ses valeurs intérieures.

Une fois une femme s'adressa à Jung pour commencer une analyse : elle avait tant de charme que, lorsqu'elle entrait dans un lieu public, tous les hommes se retournaient pour la regarder. Jung l'avertit que si elle faisait une analyse elle perdrait son pouvoir. La femme ne put accepter ce sacrifice et renonça à l'analyse. Mais de nombreuses années plus tard, au seuil de la vieillesse, elle se suicida.

Pour approfondir ce thème, il convient d'examiner de plus près les personnages d'Athéna et d'Artémis.

Athéna, née de la tête de Zeus, appartient à son père Zeus, comme les Amazones appartiennent à leur père Arès. Elle est la déesse vierge qui a l'esprit d'action, et s'associe avec les hommes (le père, les héros) : elle représente le type de femme qui est capable d'établir avec les hommes des rapports d'amitié et de collaboration créatives, sans implications érotiques. Selon l'hymne homérique, elle est celle « dont l'intelligence est vaste et le cœur indomptable ». Sa capacité de réflexion transforme l'impulsion agressive en esprit d'initiative, en énergie constructive et dirigée vers une fin. Elle représente l'intégration de l'*Animus* en tant que Volonté et Action (d'après la classification d'Emma Jung).

Artémis est la déesse lunaire, et donc aussi la déesse de ces phénomènes naturels et de ces aspects de la vie végétative, animale et humaine sur lesquels on croyait que la Lune avait une influence : c'est la reine de la Nature vierge, libre et sauvage, que l'œuvre de l'homme n'a pas touchée. C'est la déesse des bois et des montagnes, de la chasse et des bêtes sauvages. Réservée, elle esquive l'amour et les hommes, elle est la déesse de la chasteté, protectrice des jeunes filles. Comme le dit Malamud, elle « est la gardienne de tous les *devenirs*, de tout développement futur [18] », mais cette attitude maternelle est plus différenciée que celle qui se manifeste comme simple protection de la progéniture. Elle éduque les enfants et veille sur leur croissance.

En outre — d'après Malamud —, « l'abstinence sexuelle, représentée par Artémis, met l'homme en garde contre une méprise naturelle, mais fatale : trop souvent sa conception d'une relation avec une femme est limitée à son aspect sexuel. C'est là le domaine de la contrepartie d'Artémis, Aphrodite : les rapports sexuels, la procréation, la naissance. Pour l'homme Aphrodite est l'*Anima* “à l'extérieur”, celle qui l'attire et le séduit vers le monde extérieur [...]. Cette *Anima* agit par le charme. Artémis, au contraire, agit par l'inspiration et l'enthousiasme. La *raison d'être* d'Aphrodite est la présence d'un partenaire ; sans lui elle est superflue. Artémis, en revanche, est une vierge, indépendante et autosuffisante [...]. Elle représente l'*Anima* “à l'intérieur”, dont la réalisation est principalement psychologique, et non biologique. Homère l'appelle “celle qui lance des flèches” et “celle qui atteint au loin”, ce qui implique regarder et toucher le centre essentiel du *Soi*, et inclut la direction vers le but, la conscience du but, l'aptitude à viser le centre et à tendre vers des possibilités lointaines [19] ».

Malamud parle d'Artémis comme nouvelle image-guide dans le processus de prise de conscience de la femme. Le fait que les femmes modernes de ce type soient souvent dans un état de possession par l'*Animus* peut être « une phase transitoire, qui a pour objectif de stimuler la conscience en créant une disharmonie nécessaire dans une attitude passive[20] ». C'est une condition pour le développement de la relation de l'homme avec son *Anima*, parce qu'« une condition trop inconsciente-passive de la femme le pousse par compensation à un excès d'activisme extroverti, où il néglige et oublie sa vie intérieure[21] ».

A ce propos, je trouve très instructive la description que donne Malamud de l'Amazone en tant qu'*Anima* de l'homme : « Du point de vue de la psychologie masculine, l'Amazone représente une image d'*Anima* compensatoire qui n'est pas disposée à se jeter aux pieds d'un homme ; cette image d'*Anima* est autosuffisante et indépendante de lui. Elle profane l'image conventionnelle de la douce colombe, tendre, effrayée et sans défense, qui confirme sans aucun doute l'homme dans sa conviction qu'il est la clé de voûte de toute la création. Dans sa rencontre avec elle, le modèle érotique habituellement privé d'imagination de l'homme atteint rapidement les limites de ses ressources[22]. »

Si l'on tient compte aussi de l'hypothèse de Malamud, selon laquelle le mythe des Amazones représenterait la « riposte » de l'archétype méditerranéen de la Grande Mère à l'arrivée de la religion olympico-patriarcale des envahisseurs indo-européens, il semble qu'une période transitoire de relatifs détachement et distance du féminin par rapport au masculin (une sorte de retour au monde matriarcal) soit justifiée et nécessaire pour que l'archétype de la déesse vierge *une* puisse se consteller et remplacer la simple contrepartie féminine de la divinité masculine. Dans ce sens la « peur de la confrontation » avec les hommes, si critiquée, que les féministes manifestent actuellement, serait une défense nécessaire qui correspondrait à la sauvagerie d'Artémis devant les figures masculines.

A Rome, un collectif féministe s'est occupé récemment du problème du séparatisme. Certaines affirmations de ces femmes sont particulièrement révélatrices : « Le séparatisme doit être interprété comme notre capacité de nous racheter de notre dépendance psychologique vis-à-vis de l'homme, que nous portons en nous. C'est pourquoi il est important que nous nous rencontrions : en parlant nous pourrons découvrir notre identité et relever nos niveaux d'identification. » « Le séparatisme est aussi une attitude mentale, il faut que nous commencions à penser à ce dont nous avons besoin. Par exemple, le séparatisme dans la famille est notre capacité à nous sentir détachées des liens affectifs que la famille nous impose. »

Dans notre société occidentale la femme se voit traditionnellement assigner par la conscience collective des caractéristiques comme la subjectivité, la passivité, la réceptivité et la sensibilité, tandis que l'homme doit être actif, objectif, agressif, courageux. Ainsi certains traits déterminés deviennent constitutifs d'un sexe et sont strictement niés à l'autre, sous peine d'un jugement très négatif, de mépris, voire d'anormalité.

Aujourd'hui, dit Malamud, on éprouve un sentiment diffus de désorientation et de confusion en ce qui concerne ce qui est masculin et ce qui est féminin. La solution ne peut être que celle de l'intégration des exigences intérieures du sexe opposé *(Anima* et *Animus)* moyennant un élargissement de la conscience. En effet, nous pouvons constater que les individus « typiquement masculins » ou « typiquement féminins » sont moins fréquents qu'autrefois et l'identification de la féminité à la maternité est également moins fréquente. L'archétype d'Artémis montre à la femme qu'une de ses possibilités de réalisation est d'élever des créatures nouvelles et en cours de développement, et non de « mettre au monde » — ce qui trop souvent se concrétise uniquement dans la maternité physique.

L'incompatibilité des deux principes féminins opposés, Aphrodite et Artémis, se manifeste de façon dramatique dans le mythe d'Hippolyte. Hippolyte, fils de Thésée et d'une Amazone, est un *vir Amazonius*[23] que son nom associe aussi aux chevaux, amoureux de la nature sauvage, de la chasse et des sports, chaste et dévot d'Artémis, hostile à Aphrodite. Dans l'*Hippolyte* d'Euripide, Aphrodite, indignée par l'offense que lui fait Hippolyte, qui refuse l'amour et le mariage, veut se venger et n'hésite pas à sacrifier Phèdre, belle-mère d'Hippolyte, qui tombe amoureuse de lui et devient — selon le jugement de la déesse elle-même — la victime innocente de son projet de vengeance. Phèdre, repoussée par son beau-fils, se pend, laissant un mot l'accusant d'avoir tenté de la séduire : il s'agit du motif très répandu de la calomnie utilisée pour venger un amour repoussé. Alors Thésée invoque contre son fils la punition de Poséidon, qui le fait mourir sous les sabots de ses chevaux. Artémis, déesse protectrice d'Hippolyte, n'intervient en aucune façon pour le sauver, et justifie la catastrophe en disant : « Or, telle est la loi des dieux : aux désirs qu'a formés la volonté d'un autre, nul ne consent à faire obstacle ; toujours nous lui laissons le champ libre[24]. » Ainsi Aphrodite et Artémis, qui représentent les deux principales dominantes de la féminité, évitent systématiquement toute confrontation entre elles et préfèrent ignorer l'existence de l'autre pôle féminin, comme si elles craignaient de rencontrer leur propre aspect obscur et refoulé, leur *Ombre.* Nous verrons par la suite que chacune des déesses contient, à l'état latent, l'autre comme antagoniste, comme sœur obscure[25].

« Dans Euripide, le conflit entre les divinités reste irrésolu et Hippolyte, le *puer aeternus*, ne trouve pas non plus de solution à son dilemme. Ce qui explique probablement pourquoi l'incarnation de l'image divine féminine, et donc de l'*Anima*, est restée plus ou moins bloquée depuis l'Antiquité[26]. » Le processus de réalisation et d'humanisation du féminin a été interrompu par le christianisme : le Christ est le *Logos* divin incarné qui tolère la présence de l'humain à côté du divin.

Il semble donc extrêmement difficile pour la femme de maintenir conscients les deux aspects à la fois et de vivre les deux pôles de sa nature : et je crois que cela a contribué de façon non négligeable au fait que la femme a cédé aux pressions culturelles du patriarcat, adoptant ainsi la « solution de facilité », se ménageant une situation confortable[27] moyennant la scotomisation de l'un des pôles du conflit. Que l'on se rappelle dans ce sens que l'Amazone dans la

Grèce classique représentait un modèle de renversement des rôles sexuels alors en vigueur et pouvait avoir la signification de mettre au jour l'autre dominante — refusée — de la féminité, même si c'était de façon excessive et unilatérale. Aujourd'hui, que ce soit dans les mouvements de libération de la femme ou dans de nombreux cas individuels, nous assistons à un processus qui tend à récupérer la dominante féminine Artémis, moyennant la scotomisation, au moins relative et temporaire, de la dominante Aphrodite. Mais il ne faut pas perdre de vue le fait que cela ne peut être qu'un premier pas, une erreur nécessaire et transitoire, et non un point d'arrivée ou une solution. Tout est encore extrêmement confus et contradictoire.

Il me semble qu'il serait utile ici de tenter d'analyser, depuis ses origines, le processus de différenciation de l'archétype féminin tel qu'il est représenté dans les divinités féminines depuis les religions matriarcales situées avant les mythes théogéniques se rapportant à l'Olympe. Dans les formes de religions matriarcales nous trouvons une Grande Déesse Mère qui exprime la plénitude de l'être originel dans lequel se déploie l'esprit multiforme de la nature. Comme le dit Walter Otto, « ce qui caractérise la manière archaïque de penser, c'est qu'elle n'est pas déterminée. On peut se convaincre, auprès des peuples primitifs qui se rencontrent aujourd'hui, du contresens qu'il y a à prêter à la pensée de l'homme archaïque ce que nous nommons des concepts "simples", quand précisément ce qui est primitif est ce qu'il y a de moins simple[28] ».

Dans la Grande Déesse des religions matriarcales se manifeste la totalité libre et indéterminée de l'être féminin élémentaire, dispensateur de toute forme de vie et de mort, avant que la culture patriarcale n'intervienne, voulant dominer la complexité de la nature à travers une façon de penser et d'imaginer claire et distincte dans laquelle l'exigence de détermination et de non-contradiction montre déjà les traits caractéristiques de cet idéal de perfection masculine qui sera le principe dominant de toute la culture de l'Occident. C'est pourquoi il est tellement difficile de décrire Ishtar ou Astarté, Isis, Cybèle, Rhéa, Gaïa, et plus tard Déméter, au-delà des étiquettes conventionnelles de la tradition, sans en trahir le sens et l'esprit originels. Toutes ces Déesses Mères ont des traits semblables, mais leur être « protéiforme » et ambigu échappe à toute définition claire et à toute formulation précise.

La Grande Déesse est la force primordiale de la nature qui se manifeste en donnant ou en enlevant la vie, la Terre Mère d'où tout commence et où tout finit : les morts retournent dans le sein de la terre. Mais au-delà de la naissance, de la vie et de la mort, conçues comme un cycle saisonnier de la nature, la Déesse est l'unité toute-puissante de l'Être, qui embrasse tout, et c'est pourquoi on peut dire d'elle qu'elle est *aussi ceci* et *aussi cela* sans jamais arriver à épuiser la multiplicité de ses significations. Pour l'approcher nous devons penser à tout ce qu'elle est, dont rien n'est exclu, plutôt qu'essayer d'identifier ce qu'elle n'est pas, ou qui ne lui appartient pas. Même le masculin lui appartient, en tant que fils-amant qui naît d'elle pour la féconder, et ensuite mourir et se renouveler en elle. Il lui appartient aussi comme attribut, si on tient compte du caractère androgyne de sa totalité élémentaire.

Comme le dit E. Neumann[29], les contraires ne sont pas encore séparés dans la forme indifférenciée du Grand Féminin archétypique : la Grande Mère Terrible contient en soi féminin et masculin dans une unité indivisible. Elle peut même avoir comme attribut la barbe et les organes génitaux mâles, elle peut aller à la chasse, faire la guerre, tuer comme les hommes. La gorgone Méduse, pourvue d'attributs évidemment masculins (les serpents au lieu de cheveux, les dents très longues, la langue tirée), terrifiante au point de pétrifier quiconque la regarde, est pourtant aussi la jeune fille délicate et désirable, violentée par Poséidon sur un tendre pré, parmi les fleurs du printemps[30], comme Coré enlevée par Hadès, qui, comme elle, va vers un destin de violence et de mort[31] : quand Persée tranchera la tête de Méduse, de son cou sanglant jailliront les enfants conçus de Poséidon, le cheval ailé Pégase et le héros Chrysaor.

Nous pouvons peut-être reconnaître la signification la plus profonde de la Grande Déesse dans sa « fidélité à son obscurité essentielle, éternelle et mystérieuse, dans laquelle elle est le centre du mystère de l'existence[32] ». Tout le reste en elle est une unité d'aspects qui nous semblent contradictoires du point de vue de notre pensée patriarcale. Elle est à la fois Mère et Fille-Vierge (Déméter-Coré) où la virginité est indépendance « amazonique » par rapport au masculin. Déméter est « l'abeille mère pure », parce que parmi les abeilles seule la reine est fécondée par le mâle, et une seule fois. L'abeille est le symbole de la puissance féminine de la nature[33], où le mâle n'a pas d'autre espace ni d'autre durée que le moment fugitif de la fécondation, et où le féminin a le caractère du terrible matriarcat : après l'accouplement les abeilles tuent tous les faux bourdons, êtres étrangers, désormais inutiles.

Cybèle était adorée sous l'aspect de la reine des abeilles, et ses prêtres s'émasculaient, en mémoire d'Attis, dans le culte orgiastique de la reine. De même, Aphrodite-Uranie tuait son partenaire divin après l'accouplement, comme la reine des abeilles tue le mâle en lui arrachant ses organes génitaux. Le sacrifice de la virilité est nécessaire pour que la toute-puissance de la Grande Déesse puisse chaque fois ressusciter, virginité intacte, que personne ne possède et qui n'appartient à personne : les prêtresses de la Grande Mère devaient être vierges, pour exprimer l'aspect virginal de la déesse.

La déesse babylonienne Ishtar est à la fois la déesse de l'amour et de la fécondité des armes et de la guerre. Elle est la reine de la terre, ainsi que du ciel. Sous des noms divers la Grande Déesse est la maîtresse des animaux et des plantes, mais aussi la déesse des morts et des Enfers. Elle est la matrice et la tombe, la truie qui dévore sa portée. Nous la retrouvons intacte de nos jours[34] en Inde, sous l'aspect de la Mère Cosmique, exprimant la totalité de l'univers et la réunion de tous les couples d'opposés, alliant parfaitement « la terreur de la destruction absolue à l'impersonnelle, quoique maternelle, consolation. Comme le cours du temps, comme la fluidité de la vie, la déesse change : elle crée, protège et détruit. Son nom est Kali, la Noire ; son titre : le Radeau qui traverse l'Océan de l'Existence[35] ».

Ida Magli n'entend pas autrement l'Etre suprême féminin des structures religieuses matriarcales, « signe et symbole du monde, de la nature, d'*un autre que soi*, puissant et dangereux, créateur de vie mais aussi de mort[36] ». Il s'agit de l'image primordiale de la nature comme principe créateur féminin dans toutes ses facettes et son ambiguïté. Lorsqu'on passe plus tard de l'unité indifférenciée de la déesse universelle à un niveau de différenciation accrue des divers aspects féminins contenus dans l'archétype[37], nous trouvons d'une part Aphrodite, de l'autre Artémis et Athéna, polarités divines apparemment opposées dans un conflit insurmontable : d'une part la totalité de l'amour, la volupté en tant que loi suprême de la vie, de l'autre la résistance à l'*Éros*, en tant qu'aspect virginal archétypique du féminin.

La virginité psychologique dont parle Esther Harding est l'aspect archétypique du féminin qui constitue une défense contre le risque de dépendance de l'homme et de *participation mystique* avec lui. La femme primitive, totalement inconsciente d'elle-même, tend constamment à entrer dans un état de *participation mystique* avec l'homme qui — en tant que partie essentielle de sa psyché — obtient ainsi d'elle un dévouement et une obéissance inconditionnels. Il faut une résistance à cette façon féminine de vivre l'*Éros* comme un état édénique d'identité avec l'autre, dans lequel toute distance est annulée et où la femme risque de perdre sa conscience d'elle-même et la capacité de se distinguer de l'autre en tant qu'individu indépendant. Nous pouvons voir que la résistance à l'*Éros* en tant qu'élément essentiel de l'archétype féminin apparaît nettement dès que l'on parvient au premier niveau de développement du féminin, où l'on passe de l'unité indifférenciée de la

Grande Déesse à la coexistence des diverses divinités féminines ayant des attributs plus différenciés et spécifiques.

Dans les religions matriarcales, l'homme n'existe que sous une forme diminuée, soumis à la Grande Mère en tant que partie d'elle et utilisé par elle comme un instrument de fécondation impossible à éliminer. C'est le jeune homme tendre et très beau, mais éphémère, sans histoire et sans futur[38]. Tout développement et toute conquête lui sont refusés, il ne sait pas lutter ni mener à bien aucune entreprise : le mythe du héros, en tant que naissance et développement du *Logos* masculin dans l'initiative, le courage, la force propulsive vers l'action dangereuse et l'abandon de la mère pour aller à la conquête du monde, ne le regarde pas. Mais dans le mythe de Coré et Déméter, la situation est profondément modifiée : Déméter n'est plus seulement la déesse omnipotente, elle doit aussi pactiser avec les divinités masculines de l'Olympe grec. Dans cette phase finale de l'ordre religieux matriarcal, l'homme devient le facteur qui, bien qu'impossible à éliminer, se soustrait néanmoins à la domination de la Grande Déesse et bouleverse son règne : il utilise sa force, il ravit et violente. Ainsi, dans le monde encore exclusivement féminin des événements et des expériences de la mère et de la fille, s'introduit de force l'élément masculin pénétrant et écrasant, auquel le féminin doit se plier : c'est l'étranger, l'inconnu, l'ennemi cruel et impitoyable, le terrible dieu des morts. Il me semble que l'on peut distinguer, dans cette expérience de violence mortelle, de terreur et de colère, de haine et de deuil, l'origine première d'un noyau archétypique de résistance à l'*Éros* dans le féminin.

Le désespoir qu'a causé à Déméter le rapt de Coré exprime — sous la forme extrême de l'expérience primaire, inattendue et imprévisible — le risque d'anéantissement psychique pour le féminin ignorant qui est soudainement arraché à soi-même et entraîné hors de son monde. Coré cueillait des fleurs et jouait avec les nymphes, dans la félicité inconsciente de son adolescence, lorsque la terre s'ouvrit et qu'Hadès apparut hors du gouffre sur son char d'or tiré par des chevaux immortels et l'entraîna, atterrée et en larmes, dans son royaume souterrain. L'hymne homérique raconte que Coré ne perdit pas l'espoir de revoir sa mère bien-aimée aussi longtemps qu'elle put apercevoir la terre, le ciel et les rayons du soleil, avant que le royaume d'Hadès ne se refermât sur elle [39].

C'est ainsi qu'est décrite la domination du Moi féminin par l'élément masculin chthonien, inconscient, porteur d'une sexualité violente à laquelle il n'est pas possible d'échapper [40]. Déméter devient alors la déesse furieuse et vindicative, la Déméter Érinye, qui revit dans sa chair la violence subie par la fille : d'après le mythe arcadien elle est violentée par Poséidon alors qu'elle erre, désespérée, à la recherche de Coré. Dans son deuil chargé de haine la déesse rend la terre stérile : il ne reste plus aucune forme de vie, aucun fruit ou fleur. Elle est inconsolable, et maintient sa vengeance impitoyable, qui menace de faire périr la race humaine, à moins que sa fille ne lui soit restituée pendant une partie de l'année. Coré participe donc des deux natures et des deux existences : l'existence avec la mère a l'aspect de la vie gaie et lumineuse sur la terre, l'existence avec l'homme a le caractère ténébreux de l'Hadès, la stérilité et la mort. La connexion entre les noces et la mort est ici clairement mise en évidence.

Pour le féminin archaïque, les noces prennent le caractère d'un assassinat, dans lequel l'épouse subit, d'une façon totalement passive, comme victime désignée, son destin de mort : Coré est violée par le dieu des morts et disparaît dans le monde des Enfers ; Déméter vit un deuil qui signifie la stérilité de la terre et la disparition des feuilles, des fleurs et des fruits. L'attribut d'« Érinye » de Déméter, qui fait allusion à la colère et à la vengeance contre le masculin écrasant, indique une expérience analogue à celle de Némésis, la déesse enlevée par Zeus qui « ne se laissa pas fléchir par l'amour ; elle succomba à la violence, et fut donc, ce qu'elle resta toujours, la vengeresse irritée : Némésis [41] ».

Dans ce contexte, la maternité n'est pas acceptée, ni

comprise, mais arrachée, conséquence inévitable d'une violence subie. L'amour de la mère pour sa fille semble le résultat du *sympatheîn*, c'est-à-dire qu'il naît dans le cadre d'un état d'identité, favorisé par la nécessité d'endurer le même destin : un destin de persécution, d'enlèvement, de viol, d'où s'ensuit une naissance (de la fille) et une renaissance (de la mère en elle), qui ne sont pas vécues comme quelque chose de désiré, de choisi, mais sont découvertes douloureusement à travers la colère, la haine et le deuil. La victoire de Déméter consiste à obtenir que sa fille, désormais épouse d'Hadès et reine des Enfers, lui soit rendue une partie de l'année. Ce qui signifie psychologiquement la sauvegarde de l'identité féminine, grâce au refus de vivre la vie matrimoniale dans sa totalité. Il s'agit de la forme la plus archaïque d'adaptation défensive du féminin à un masculin hyperpuissant et violeur. L'angoisse mortelle est dominée en prenant ses distances et en retournant au monde des vivants, ce qui signifie la récupération de sa propre identité et de son propre monde en faisant une nette distinction, en *se séparant* du monde masculin.

On peut faire ici une remarque qui ne manque pas d'intérêt : on constate l'apparition d'une résistance à l'*Éros* dans l'archétype féminin précisément lorsque la religion olympico-patriarcale commence à mettre en lumière le risque auquel la femme est exposée lorsqu'elle ne peut plus exercer sur le masculin cette domination incontestée que nous avons vue dans les religions matriarcales : les trois déesses qui se soustraient à la loi d'Aphrodite appartiennent à l'Olympe gouverné par Zeus.

L'homme a une distance naturelle par rapport à l'*Éros* : sa conscience, centrée sur le *Logos*, a sa propre vie d'« intérêts objectifs » qui la protège naturellement du risque de dépendance et d'assujettissement à la personne aimée[42].

La femme en revanche, de par sa nature même, est beaucoup plus exposée au danger de tomber dans un état de *participation mystique* avec l'être aimé parce qu'en elle la vie de la conscience est centrée sur l'*Éros*, qui unit et lie. Mais lorsque la *participation mystique* devient un état permanent et insoluble, elle est incompatible avec l'amour.

Comme le dit Jung, « le rapport [...] n'est possible qu'avec une certaine distance spirituelle[43] ». En effet, s'il n'y a aucune distance, c'est-à-dire aucune distinction entre le Moi et le Toi, il ne peut y avoir aucune relation, ni échange : il ne peut y avoir relation ou échange lorsque les deux êtres sont devenus *une seule chose.* Une femme, qui faisait depuis longtemps partie d'un groupe féministe, me dit une fois que la majeure partie des femmes, au lieu de se mettre au centre de leur propre vie et de chercher une réalisation et un équilibre à la première personne, mettent au premier plan le couple, parlent toujours de l'équilibre du couple, sans se rendre compte que cela va à l'encontre de leur équilibre personnel, qu'elles n'existent plus en tant que personnes.

C'est la forme d'être représentée par Héra, la déesse du mariage. Héra et Zeus constituent *le couple,* dans lequel se réalise une forme totale de l'existence féminine, qui comprend la lumière et les ténèbres, le bien et le mal, les joies et les douleurs, et qui ne nie jamais que le mariage est une prémisse nécessaire, et ne permet jamais à la femme de découvrir son *être entier* en tant qu'individu. En effet, dans le cas de la femme dont je parle, son mariage était entré en crise quand elle avait commencé à se distinguer du couple en tant qu'individu, et à sentir que le couple est formé de deux personnes, dont chacune a besoin de trouver sa propre réalisation et son propre équilibre. Ce n'est que par la suite, dans une autre relation amoureuse, plus libre, qu'elle redécouvrit la complémentarité de l'homme et de la femme, qu'elle avait perdue immédiatement après son mariage.

C'est du reste là un phénomène assez fréquent dans le développement de la conscience féminine : la femme d'aujourd'hui cherche un rapport de complémentarité avec l'homme, elle en pressent la possibilité ; mais lorsqu'elle arrive au mariage ou à la vie commune, elle tombe souvent dans la condition primitive de la *participation mystique.* Ce n'est qu'ultérieurement, à travers un douloureux processus de prise de conscience, qu'elle peut réaliser ce que Jung appelle « relation psychologique entre l'homme et la femme », conçue comme fécondité de la *coniunctio oppositorum*.

On peut remarquer ici un phénomène intéressant : cette femme ainsi que les autres présentes à la discussion ont souligné le fait que la complémentarité ne peut être récupérée que lorsqu'il y a de l'amour. Il semblait évident pour elles que l'amour présuppose toujours une distance, une distinction de l'un et de l'autre, alors que dans l'état d'identité il ne peut y avoir de véritable amour parce que l'individu n'a plus aucune signification. Nous découvrons ainsi le lien secret qui unit les deux aspects apparemment contradictoires et inconciliables du féminin, Aphrodite et Artémis (ou Athéna). Pour que l'*Éros* d'Aphrodite puisse aspirer à la dimension de l'amour comme relation avec l'autre, il faut maintenir et respecter l'aspect virginal de la déesse *une*. En effet, chacune de ces déesses possède aussi — bien que sous une forme moins visible — l'autre aspect.

Au stade de différenciation supérieure de la féminité, dans lequel plusieurs déesses aux attributs divers et aux caractéristiques spécifiques prennent la place de la totalité qui embrasse tout, de l'Être féminin originel, nous constatons que chacune d'elles contient, de façon moins évidente, en tant qu'*Ombre*, l'aspect de l'autre. On peut en conclure que la contradiction, ou plutôt la coexistence d'aspects apparemment inconciliables existe dès l'origine à l'intérieur de la divinité féminine en tant que noyau archétypique fondamental, même s'il n'est pas reconnu ni accepté.

La Grèce antique célébrait aussi le culte d'Aphrodite-Uranie, différent et séparé des autres formes de culte de la déesse : Aphrodite-Uranie était une déesse armée, dénommée *Areía* et vénérée à côté d'Arès. Comment ne pas penser à Athéna ? Athéna était toujours armée, avait la même épithète *Areía*, et était invoquée en même temps qu'Arès dans les batailles. L'aspect virginal d'Aphrodite-Uranie est encore plus évident lorsque, comme à Sicyone, nous voyons son culte confié à des prêtresses vierges. Il est clair que les prêtresses représentent un état ou un aspect de leur déesse. Parfois, il s'agit d'un aspect latent qui dans la déesse n'est plus manifeste, comme si les prêtresses devaient, par compensation, manifester l'*Ombre* de la divinité devenue désormais, dans l'excessive détermination de ses traits, trop rigide et trop unilatérale. De la même façon les jeunes filles au service d'Artémis à Athènes portaient le surnom rituel d'« ourses » *(árctoi)* : il ressort des traditions plus anciennes qu'Artémis elle-même avait dans le passé l'aspect d'une ourse, c'est-à-dire était une « déesse de la maternité et de la fécondité. »

Aphrodite-Uranie a aussi des affinités avec les Amazones. Elle tuait son partenaire divin après l'accouchement. Dans la version la plus ancienne du mythe, Anchise lui-même mourait après son rapport sexuel avec Aphrodite. Une épithète d'Aphrodite est *androphónos* (homicide, tueuse d'hommes, ou de son époux), qui rappelle beaucoup celle d'*androctónoi* utilisée pour les Amazones. Nous voyons ici le motif de la résistance à l'*Éros* dans sa forme la plus grossière et la plus archaïque : la relation est coupée immédiatement après l'accouchement. L'homme est conçu uniquement comme pénis fécondateur au service de la procréation. Il ne doit subsister aucune possibilité de prolongation de la relation après qu'il a accompli son devoir biologique. Nous voyons là l'aspect « Amazone » caché d'Aphrodite, une secrète virginité de la déesse de l'amour[44].

De la même façon Lou Andreas-Salomé « coupait » ou « tuait » sa relation avec un homme en partant à l'improviste, comme mue par un instinct irrésistible, lorsqu'elle sentait que cette liaison devenait obscurément menaçante pour sa vie et la réalisation d'elle-même. Dans son autobiographie, Lou n'explique ni ne décrit la façon dont elle aborde la sphère de l'*Éros*, elle l'évoque plutôt, par des allusions. Au moment où il faudrait entrer dans le vif de l'affaire et des sentiments, elle interrompt brusquement sa narration. Cela frappe et déçoit d'autant plus que le lecteur est, par ailleurs, habitué à l'extraordinaire liberté de pensée de l'auteur, à sa sincérité et à son absence de préjugés dans ses jugements et son langage. Mais quoiqu'elle refuse constamment de se laisser emporter par ses sentiments et qu'elle ne s'en permette jamais une compréhension approfondie, on trouve néanmoins à ce sujet une phrase révélatrice.

A propos de son départ de Paris, qui marquait la fin de son idylle avec Savély, Lou se souvient : « Mais ensuite vint le moment où, une nuit, quelque chose ou quelqu'un semble me faire signe et il me faut partir. Je n'ai jamais pu comprendre tout à fait pourquoi ni à quel moment cela arrive — même si je me sentais réceptive, disponible et heureuse là où j'étais. Un sentiment d'impatience s'empare alors brusquement de moi[45]. » Son départ était une surprise pour tout le monde, y compris pour elle-même. Cette fois-là, Lou partit sans saluer personne. C'est d'une façon aussi inattendue et soudaine qu'elle s'était détachée, des années auparavant, de son premier amour, le pasteur Hendrik Gillot, lorsqu'il la demanda en mariage : « Ce que j'avais adoré déserta tout d'un coup mon cœur et mon esprit, et me devint étranger[46]. » Elle avait alors quitté la Russie.

Dans la déesse Athéna, *l'autre aspect* semble inconciliable avec ses caractères les plus connus de déesse toujours vierge, guerrière, amie des hommes, paraissant complètement étrangère au monde de la sexualité et de l'*Éros*. Mais Athéna est aussi protectrice des femmes, elle leur accorde la fécondité, les assiste dans leurs accouchements, veille sur la naissance et la croissance de leur progéniture. Elle est invoquée comme *méter*, « la Mère » ; on l'appelle *Kurotróphos*, « nourrice des enfants », comme Aphrodite, comme Déméter et comme Gaïa, la Terre Mère de tous les êtres. D'après des traditions secrètes, Athéna donna un fils à Héphaïstos qui avait demandé sa main pour prix de l'aide qu'il accorda à Zeus pour la faire naître de sa tête. Mais la version du mythe la plus connue raconte qu'Athéna disparut du lit nuptial et que, du sperme d'Héphaïstos tombé à terre, Gaïa conçut Erichtonios. Mais Athéna semble aussi d'une certaine façon directement impliquée dans cette naissance, car Gaïa lui remit le nouveau-né immédiatement après l'accouchement. Eric Neumann a reconnu chez Athéna un aspect de Déesse Mère pré-hellénique, crétoise.

De même, Artémis n'aide pas seulement les femmes en couches, et on l'appelle *Kurotróphos* comme n'importe quelle Déesse Mère, car elle enseigne à soigner et à éduquer les enfants, mais elle est aussi elle-même déesse de la fécondité, une Grande Mère : l'Asie Mineure célébrait le culte d'Artémis-Ephesia, nettement différent des formes grecques du culte de la déesse. Artémis-Ephesia est une Grande Mère, dont la fécondité est représentée par une grande quantité de mamelles gonflées de lait[47]. D'après le mythe, le culte d'Artémis-Ephesia fut fondé par les Amazones : ce qui confirme que les deux aspects du féminin, le maternel et le virginal, coexistent dans le même archétype au point de pouvoir dériver l'un de l'autre. En Grèce aussi, comme nous l'avons déjà vu, le surnom rituel d'« ourse » *(árctoi)* donné aux jeunes filles consacrées au culte d'Artémis se réfère à une forme maternelle animale de la déesse. C'est probablement là l'origine de l'épithète « maîtresse des animaux » *(pótnia théron)* qu'Artémis partage avec Aphrodite et qui fait allusion au fait qu'elle préside à la fécondité du règne animal[48].

Il semble donc que la résistance à l'*Éros* soit un caractère archétypique du féminin, complémentaire et compensateur de la tendance des femmes à mettre dans l'amour la totalité du sens de leur vie et les fondements de leur destin. Du reste, la fatalité tragique de l'amour pour les femmes est plusieurs fois mise en évidence dans la mythologie classique. Comme l'observe Walter Otto[49], Aphrodite porte chance aux hommes, alors qu'aux femmes elle est souvent funeste. Le mythe nous présente une série de femmes qui deviennent victimes de la séduction irrésistible et aveuglante d'Aphrodite. Malheur à celles qui, pour avoir répondu à l'appel de la déesse, sont emportées par une folle passion qui les conduit à la ruine.

Dans la *Médée* d'Euripide le chœur des femmes prie

Aphrodite de la façon suivante : « Puisses-tu ne jamais, ô maîtresse, contre moi, de ton arc d'or, diriger le trait inévitable qu'enduit le philtre du désir[50] ! » Par amour Médée commet le délit le plus abject contre son propre sang, tuant d'abord son frère, puis ses enfants.

Hélène dans l'*Iliade* est toujours une femme malheureuse qui « se consume dans les pleurs[51] », se révolte contre Aphrodite qui l'a trompée sans aucun scrupule[52], se méprise atrocement, se traitant de « chienne maligne, dégoûtante[53] », disant que « tous n'ont pour moi que de l'horreur[54] », et souhaitant être morte le jour même où sa mère l'a mise au monde[55] au lieu d'être emportée par la passion aveugle qui l'a entraînée en terre étrangère, loin de sa patrie, de son mari, de sa fille et de tous ses proches[56] et lui a attiré les malédictions des Grecs et des Troyens.

Phèdre se suicide à cause de son amour impossible pour son beau-fils Hippolyte. Pasiphaé conçoit le Minotaure à la suite de sa monstrueuse passion pour un taureau. Didon ne supporte pas l'abandon d'Enée et se tue.

Dans l'*Hippolyte* d'Euripide, la nourrice dit à Phèdre en proie à son chagrin d'amour : « Cypris est irrésistible, quand elle assaille avec violence. Lui cède-t-on ? Doux se fait son abord ; mais celui qu'elle trouve excessif et hautain, Dieu sait, quand elle l'a saisi, les outrages qu'elle lui inflige[57]. » Toutefois cela n'est vrai que pour les hommes. Aphrodite punit les hommes qui l'offensent en méprisant l'amour, comme Hippolyte, mais elle ne fait preuve d'aucune douceur à l'égard de Phèdre, qui a pourtant obéi à son appel. La déesse accorde toutes ses faveurs aux hommes qui, comme Pâris, Phaéton, Anchise, Énée, reçoivent d'elle beauté, jeunesse, séduction, joie et fortune, alors que ses dons d'amour semblent destinés à détruire la vie des femmes. Dans *Hippolyte*, Aphrodite reconnaît s'être servie de Phèdre, victime innocente, pour ses desseins[58].

On peut dire la même chose de Didon, qu'Aphrodite rend amoureuse d'Enée pour que le héros en terre étrangère soit à l'abri de tout danger. Aphrodite n'a cependant aucune pitié pour les hommes qui refusent l'amour[59], alors qu'elle tolère et semble respecter les femmes, divines ou humaines, qui choisissent une vie sans *Éros* : outre les trois déesses Athéna, Artémis et Hestia, il y a les Amazones et les prêtresses vierges, comme les Vestales, les jeunes filles d'Artémis, etc. Il semble donc que si la déesse de l'amour n'a aucune raison de faire une exception pour les hommes dont le refus de l'amour ne peut signifier rien d'autre qu'une fuite coupable (ou pathologique) de la vie, elle doive se montrer plus indulgente pour les femmes qui refusent d'aller vers un destin de souffrances ou de malheurs, en se privant de l'*Éros*. Ce qui veut dire que la résistance à l'*Éros* n'a pas la même valeur pour l'homme que pour la femme.

Heureux l'homme qui suit la loi d'Aphrodite, car ainsi il se réalise de la façon la plus complète, puisque pour lui l'essentiel reste sauf, avant et au-delà de l'amour, dans les intérêts objectifs, dans les œuvres de l'esprit et de la science. Pour lui rencontrer l'amour est comme trouver la beauté et la joie de la vie, comme se mettre en vacances après les charges et les devoirs les plus graves, comme jouir d'un printemps de l'esprit qui fleurit et se renouvelle ; mais au-delà de l'amour la vie continue et le sens de la vie n'est pas perdu. Pour la femme en revanche, à l'origine l'amour est tout, il est la vie, le sens, le destin.

Même les personnages féminins de nombreux romans manifestent cet intérêt exclusif et fatal pour le monde de l'*Éros*, terriblement loin du monde du *Logos* masculin, tragiquement étranger à ce dernier. Je citerai seulement, à titre d'exemple, quelques passages du roman de Nathalia Ginzburg, *La route qui mène à la ville* :

« C'est un tel plaisir pour une jeune fille que de penser que peut-être un homme est amoureux d'elle au point que même si de son côté elle ne l'est pas c'est un peu comme si elle l'était : elle devient plus mignonne, avec des yeux qui resplendissent, un pas léger, une voix plus légère et plus douce[61]. »

« C'était la première fois de ma vie que je pleurais à cause d'un homme et j'ai pensé que si je pleurais ainsi, c'était bien que je l'aimais. Et j'ai pensé que s'il me demandait en mariage, je dirais oui et nous serions toujours ensemble et heure par heure, minute par minute, je saurais où il était[62]. »

« Aujourd'hui [...] je recueillais en ma mémoire chaque mot qu'il m'avait dit et je cherchais à détecter si de l'amour s'y trouvait caché, je prenais toutes ses paroles, les tournais et les retournais en moi et l'espace d'un instant il me semblait qu'elles avaient un sens, l'instant d'après qu'elles en avaient un autre et finalement je les laissais retomber et ma vue s'embrumait[63]. »

« Quand il me quittait j'éprouvais toujours une sensation d'étonnement et de vide, je ne comprenais rien à cet homme. Je ne comprenais pas pourquoi il restait tant d'heures avec moi à m'interroger sur les personnes de la pension et à dessiner. Jamais entre nous la moindre parole d'amour. [...] Alors une fois je lui ai dit que je l'aimais. J'en avais assez de porter ce secret en moi, souvent je me sentais étouffer toute seule dans ma chambre de pension avec ce secret qui s'élevait de mon tréfonds, je me sentais devenir toujours plus idiote, sans réussir à éprouver le moindre intérêt pour quiconque et pour quoi que ce soit. J'avais besoin de savoir si lui aussi m'aimait et si nous nous marierions un jour. J'en avais besoin comme on a besoin de manger ou de boire... Après avoir parlé je me suis tournée pour le regarder et j'ai vu son visage épouvanté et triste. J'ai compris que lui ne m'aimait pas[64]. »

« Je lui avais tout dit de ma vie. Une vie assez médiocre et incolore jusqu'au jour où je l'avais rencontré. Et j'avais laissé tomber tout ce qui n'avait pas rapport à lui. J'avais cessé d'enseigner[65]. »

« Ce qui m'importait, c'était que la petite mange et que son assiette où était peint un poussin sortant de sa coquille soit vide. Je me souvenais de ce qu'Alberto m'avait dit, qu'avoir un enfant est la seule chose importante pour une femme et un homme. Je pensais que pour une femme c'était en effet la seule chose importante. Pour un homme, non. Pour Alberto, sa vie était restée pareille depuis la naissance de la petite, il faisait les mêmes voyages, les mêmes dessins dans son calepin ; il prenait des notes en marge des livres et sortait dans la rue avec son même pas léger et tranquille, la cigarette aux lèvres. Lui n'était jamais de mauvaise humeur à cause de la petite, si elle n'avait pas mangé ou était pâlichonne. Il ne savait même pas ce qu'elle mangeait et peut-être ne s'était-il même pas aperçu que ses yeux changeaient de couleur.

« Je pensais que j'étais guérie de ma jalousie et qu'il ne m'importait plus du tout de savoir si Giovanna et lui se voyaient ou non [...]. J'avais eu la petite avec lui et cela suffisait [...] [66]. »

« J'ai recommencé à être amoureuse d'Alberto et lorsque je m'en suis aperçue, j'en ai été tout épouvantée. Je tremblais maintenant à l'idée qu'il puisse s'en aller pour toujours [...]. Quand il dictait et que je tapais à la machine j'avais toujours peur de n'être pas assez rapide, s'il me regardait, toujours peur que mon visage ne lui plaise pas [...]. Quand nous faisions l'amour j'avais peur qu'il ne trouve ennuyeux de le faire avec moi. Et chaque fois que je voulais lui dire quelque chose, j'y pensais avant à n'en plus finir pour me rendre compte si ce quelque chose était ennuyeux ou non [...]. Je me souvenais parfois du temps où nous n'étions pas encore mariés et que nous restions assis des heures ensemble au café et que je n'arrêtais pas de parler. Cela m'était facile. Je disais tout ce qui me passait par la tête et, jeune et sereine, je me mouvais à l'aise au sein de son regard. Mais maintenant que j'avais eu la petite et qu'elle était morte, je ne supportais plus la pensée qu'il puisse m'abandonner [67]. »

« J'ai dit : "Je ne m'attendais pas à ce que tu sois si bon pour moi. Je ne m'attendais pas à ce que tu veuilles bien m'aider. J'avais l'impression que tu n'aimais pas beaucoup la petite et moi non plus. Je croyais que tu n'aimais que Giovanna." Il s'est mis à rire tout doucement, puis : "Certaines fois, l'idée me vient que je n'aime plus vraiment personne.

— Même pas Giovanna ?

— Non. Même pas elle... Si je ne la vois pas, je ne me souviens guère d'elle. Je n'y pense pas beaucoup. C'est une chose curieuse. Il est difficile de savoir ce que nous avons vraiment en nous. Nous sommes un instant ici, un autre instant ailleurs. Je n'ai jamais rien compris à ma personne... Je suis assez paresseux et j'ai peu de goût pour la souffrance." [68] »

« Je restais éveillée et pensais qu'il m'avait dit de l'appeler si je me sentais trop triste. Mais je n'en avais pas le courage : cela n'avait aucun sens de demander de l'aide à cet homme. Il était stupide d'attendre quoi que ce soit de cet homme. Je savais maintenant que Giovanna elle-même ne pouvait rien lui demander. Je regardais son visage endormi, la bouche immobile, sans réponse. Resterait-il avec moi ou partirait-il ? Je restais éveillée, les yeux grand ouverts et je disais : "Moi, je ne saurai jamais ce qu'il veut vraiment. Jamais ce qu'il veut vraiment."

« Alors j'ai commencé à penser à ce revolver. J'y pensais comme certaines fois auparavant à allaiter un nouvel enfant [69]. »

« Je lui ai dit : "Dis-moi la vérité." Et lui : "Quelle vérité ?" J'ai dit : "Vous partez ensemble." Et lui : "Qui ça ensemble ?" Et il a ajouté : "La vérité il va cherchant, qui est si chère/ Comme le sait celui qui pour elle refuse la vie [70]."

« Il avait fait ce dessin quand je suis entrée dans le bureau. Il me l'a montré. Il riait [...]. Il riait et s'est tourné pour voir si je riais aussi.

« J'ai tiré dans ses yeux [71]. »

Je préfère ne rien ajouter car il me semble que ces passages sont beaucoup plus éloquents que n'importe quelle interprétation psychologique. Cette histoire moderne présente des analogies surprenantes avec les mythes de l'Antiquité, même du point de vue de la vengeance d'Aphrodite contre l'homme qui ne respecte pas sa loi.

Nous avons vu qu'Aphrodite tolère la résistance des femmes à l'*Éros* : cette résistance existe dans l'archétype féminin comme mécanisme instinctif de défense. Mais il est nécessaire que la femme en soit consciente et sache, comme Aphrodite, tolérer et respecter cet aspect de sa nature. Sinon elle risque de s'évaluer elle-même avec l'étalon de l'*Animus* collectif patriarcal qui condamne son « immaturité émotive », ou son « inhibition sexuelle », ou ses « peurs infantiles », et d'affaiblir ainsi sans le savoir ses propres défenses naturelles et elle peut aller, ignorante et impréparée, à la rencontre de l'*Éros* comme d'une expérience totale et fatale.

Récemment, en parlant avec quelques femmes qui avaient participé à des groupes féministes, j'ai entendu une remarque très amère : « En regardant les couples qui ont traversé une crise dans leur relation, je me suis aperçue que les hommes sortaient de ces crises plus forts, mais pas les femmes : les hommes ont tiré beaucoup plus de leur désespoir que les femmes, parce qu'ils savent construire aussi quelque chose avec leur souffrance et réussissent à l'élaborer, à la transformer. C'est là une réaction très positive que je n'ai pas et que je ne vois pas chez d'autres femmes. » Il est évident que ces femmes, quoique féministes, n'étaient pas parvenues à sauvegarder en elles la résistance à l'*Éros* et à mettre entre elles et l'autre la distance qui leur permet de ne pas se sentir détruites et perdues après l'échec de leur relation. Ce qui ne peut évidemment qu'aiguiser les sentiments de frustration et d'infériorité des femmes qui doivent constater, une fois de plus, la traditionnelle supériorité masculine.

Mais si la femme s'accepte elle-même pour ce qu'elle est, sans feintes et sans rationalisations de l'*Animus,* elle peut reconnaître en elle la peur de l'*Éros* non comme un symptôme névrotique, mais comme un sain signal d'alarme face à une situation qui menace sa personnalité. Une autre femme m'a raconté qu'elle avait ressenti, lors du retour imminent de l'homme qu'elle aimait, une tension érotique tellement forte qu'elle eut peur, elle eut un moment de panique. Alors elle essaya de réfléchir : « Allons, du calme ! Pas de panique. Essaye de comprendre ce qui se passe ! Il ne peut pas y avoir que cela : tu as aussi besoin d'autre chose, de ta propre réalisation, de ton travail, de ta propre dimension. » Elle réussit ainsi à se calmer, à se retrouver, en prenant ses distances.

Une autre femme a dit : « Moi, cet engagement total me fait terriblement peur, car il signifie être totalement à la merci de [...] je ne sais pas très bien quoi. » Sur ce point, les femmes étaient toutes d'accord et étaient même disposées à reconnaître qu'il y a là au moins une différence entre l'homme et la femme : dans le cas de la femme l'abandon total à l'*Éros* représente un grave danger pour son équilibre. L'équilibre de la femme consiste aussi dans sa capacité de se défendre, de mettre une distance dans sa relation amoureuse. Ce qui ne signifie pas sacrifier son sentiment, mais devenir plus consciente d'elle-même et de sa propre valeur. Sans distinction entre soi et l'autre il ne peut y avoir ni conscience de soi, ni développement de la personnalité, ni véritable relation.

Mais les femmes qui ont atteint ce degré de conscience sont encore trop rares. Beaucoup d'entre elles vivent malheureusement leur couple dans le traditionnel état de *participation mystique*, ou bien veulent s'émanciper d'une façon radicale et purement rationnelle de leur rôle biologique, sans se rendre compte que l'inconscient peut réagir à cette attitude par une vengeance de l'instinct et du corps féminin nié.

C'est justement des féministes et de leurs sympathisants qu'est partie la campagne pour l'avortement, menée avec une violence verbale et une insistance fanatique sur le sang, sur le corps violenté, sur le vagin et ses fruits, sur l'orgasme féminin, qui donnent à réfléchir — surtout lorsqu'on se rend compte que le langage féministe ressemble beaucoup au langage antiféministe. On retrouve dans les slogans pour l'avortement la même violence provocatrice, confinant souvent à l'obscénité, que dans les slogans contre l'avortement.

Consciemment la femme veut affirmer son droit à l'autogestion de son corps, mais, en réalité, elle est encore obsédée par son vieux rôle physiologique, elle ne réussit pas à s'occuper d'autre chose, à penser à autre chose. Pour ne citer qu'un exemple, à Genève les féministes ont lancé sur des hommes politiques des œufs pourris et des serviettes hygiéniques couvertes d'excréments, d'urine et de sang. Alors justement que la femme tente désespérément de se réaffirmer en tant que *personne*, elle se définit et s'affirme encore et uniquement en tant que *corps*.

Comme l'observe Ida Magli, de la sorte la femme reste « un être *naturel* qui n'a pas droit à devenir un être *culturel* et elle est liée à sa physiologie comme à un destin [72] ». La menstruation, la grossesse, l'accouchement sont toujours et encore les fondations sur lesquelles on construit l'image et le rôle de la femme. C'est justement lorsque les féministes arrivent à réagir contre tout ce qu'elles *ne veulent pas* être en tant que femmes qu'elles semblent *le moins réussir* à être quelque chose de plus et d'autre : toute leur libido se concentre régressivement sur les fonctions physiologiques et sur la vieille image et le vieux rôle de mère — mère de mort et non mère de vie — mais toujours et uniquement de mère. Parallèlement l'*Animus* à l'œuvre fonctionne de façon plus réactive qu'active, davantage sous forme de protestation et d'agressivité *contre* que d'initiative *vers*, et de devoirs à accomplir : il subsiste encore dans la femme trop peu de confiance en elle et dans ses capacités spirituelles.

7.

Animus-senex et *Animus-puer*

Si nous considérons l'*Animus* positif dans ses divers stades (Force-Action-Verbe-Sens[1]), nous pouvons voir combien le chemin à parcourir est encore long, même pour les femmes qui s'efforcent honnêtement de devenir conscientes.

L'*Animus* comme Force et Action est l'orientation active et dynamique dans les activités concrètes, l'énergie, la volonté, la ténacité, le courage et la conscience de ses objectifs.

L'*Animus* comme Verbe et Sens est l'orientation spirituelle, la curiosité et la soif de savoir, la créativité dans tout type d'activité scientifique, artistique, littéraire. Mais pourquoi toutes ces qualités de l'*Animus* n'apparaissent-elles encore trop souvent que comme virtualités, même chez la femme moderne ? Quelles conséquences négatives la dévaluation, et souvent la condamnation pendant tant de siècles, des activités créatrices et spirituelles féminines par le conscient collectif patriarcal ont-elles eues sur l'*Animus* et sur ses possibilités de réalisation ?

Chez la femme moderne nous assistons au conflit entre l'*Animus* patriarcal, qui respecte les règles et les principes collectifs et constitue une autorité extrêmement puissante, rigide et dogmatique, et un *Animus* ami de la femme, une espèce de « *puer* matriarcal », riche de possibilités nouvelles, mais souvent trop timide et incertain, raison pour laquelle il devient agressif par peur et réactif par insécurité.

Il s'agit ici de la scission — au niveau de l'archétype — entre l'aspect *senex* et l'aspect *puer*, qui a son origine dans une attitude culturelle traditionnellement opposée à la réalisation spirituelle de la femme : le *puer* de la révolte et du renouvellement devient ainsi « orphelin de père », il perd sa capacité de réflexion et de connaissance ainsi que son assurance en ce qui concerne ses objectifs et ne sait plus s'engager dans leur réalisation. C'est un *Animus-puer* fragile et détaché de la terre parce qu'il n'a pas de racines, en d'autres termes il ne trouve pas sa connexion avec le passé et avec une autorité paternelle positive. Dans ce cas, le *senex* est constellé négativement sous la forme d'un Saturne dévorant ses propres enfants, par peur d'être détrôné par eux : en effet, le fait que le conscient collectif ait condamné les possibilités de réalisation de l'*Animus-puer* a entraîné le raffermissement de l'*Animus-senex* tyrannique qui s'est figé dans toute cette série d'*a priori* dogmatiques et d'opinions conventionnelles, collectives et sans réflexion, dont Jung parle si souvent à propos de l'*Animus* négatif.

La condamnation du conscient collectif est née de la peur d'un changement qui trouble l'équilibre habituel (le règne du *senex)* dans lequel la femme s'acquittait de ses devoirs de procréation et de conservation de l'espèce, laissant à l'homme tout le reste. La femme porte encore en soi ce *senex* négatif sous la forme d'un *Animus* dominé par le Surmoi, étouffant les initiatives, culpabilisant toute tentative de sortir des canons et des rôles traditionnels. Mais l'*Animus-puer* aussi est constellé chez la femme à notre époque.

Si nous observons les jeunes filles d'aujourd'hui, nous ne trouvons plus certains traits, autrefois assez typiques, comme l'inertie accommodante, le laisser-faire et laisser-penser les hommes, ou la satisfaction de sa propre créativité biologique. S'il est vrai que l'homme a toujours réagi à l'« envie de maternité » de façon positive et constructive, réalisant des œuvres créatives dans tous les domaines, actuellement nous pouvons dire que la femme commence, même si c'est avec peine, à réagir de façon plus positive à l'« envie du pénis », en prenant la liberté de se fixer des objectifs et en se donnant la capacité de les réaliser.

Mais, très souvent, cet *Animus-puer* n'ose pas s'exprimer, faire entendre sa voix, parce qu'il craint la confrontation avec l'autorité de la tradition, que ce soit à l'intérieur comme *senex* ou à l'extérieur comme conscient collectif dominant : c'est pourquoi, justement, il devient agressif. Quand les féministes ont chassé tous les hommes de leur réunion, elles avaient en fait peur du jugement des journalistes. Plusieurs d'entre elles ont ensuite déclaré qu'elles ne pouvaient pas parler en public lorsqu'il y avait des hommes parce qu'elles craignaient la confrontation avec eux. L'agressivité est souvent synonyme de peur : même les animaux mordent lorsqu'ils sont effrayés.

Un autre trait typique de cet *Animus-puer* est la réactivité. La réactivité exprime l'incapacité de faire ou de parler « le premier », d'être actif sinon à la suite d'une stimulation fournie par les autres — raison pour laquelle on se replie, à titre de substitution, dans la ré-action face à celui qui est capable d'agir. On n'a pas le courage de ses propres idées ou de ses propres actions, on n'ose pas se manifester tel que l'on est véritablement. Etre réactif signifie avoir failli à un devoir d'importance vitale. La libido est mal utilisée, de façon stérile et destructrice, contre celui qui se montre capable d'agir de façon indépendante, dans la tentative de le briser à cause de l'envie qu'il suscite et de l'infériorité qu'il constelle. C'est ainsi que se produit un gaspillage d'énergie qui devrait être utilisée dans une initiative ou une activité.

Mais la femme a peur d'être active, de se mesurer avec ses propres possibilités, de voir et de toucher du doigt ce dont elle est réellement capable. Et l'*Animus-puer* est non seulement trop fragile et timide pour la soutenir, mais parfois peut même l'encourager à rester dans le paradis infantile du *tout-est-possible.* La possibilité de se renforcer, pour cet *Animus,* consiste à retrouver le contact avec cet esprit de la nature qui est à la base de la spiritualité féminine. Là il peut acquérir la force divine de Dionysos, qui touche dans la femme les cordes instinctives et émotives les plus profondes. Alors l'*Animus* peut se mettre en relation positive avec le Moi féminin et enseigner à la femme à s'aimer. Ce n'est plus le *puer* chaste et réservé comme Hippolyte, qui se refuse rigidement à obéir à la loi d'Aphrodite, s'attirant ainsi la vengeance de la déesse, mais le *puer* dans le sens positif du renouvellement et du germe spirituel *in statu nascendi* qui n'exclut pas mais au contraire recueille en soi les aspects instinctuels et érotiques eux-mêmes. Cet *Animus* est capable de toucher la corde de l'*Éros* et de donner de l'amour au Moi féminin. Ainsi une femme peut se sentir plus forte et plus sûre parce que l'amour lui donne du courage et de l'élan vital, la met en contact positif avec ses instincts les plus profonds et stimule son esprit d'initiative et sa créativité.

Nous rencontrons assez souvent — dans les rêves de femme — l'*Animus* amant sous la forme de l'« étranger », l'« inconnu », l'homme qui vient de loin et qui n'existe pas dans la réalité. Il a le pouvoir de réchauffer non seulement le cœur, mais aussi l'esprit féminin, qui ne peut jamais bien travailler « à froid ». C'est comme si l'esprit de la femme, réchauffé par la passion et par l'exubérance de vie du *puer*, sortait de la torpeur et de l'inertie de son adhésion au pouvoir froid et stérile du *senex* et retrouvait cette vitalité et cette intelligence qui se trouvaient dans un état de léthargie ou de congélation. La pensée s'anime, les idées commencent à « coaguler », à prendre forme, la fantaisie créatrice devient plus vive, la recherche de la connaissance et de la vérité devient passion, l'esprit d'initiative trouve le courage de sortir à découvert.

Une de mes patientes, dont j'ai déjà mentionné le rêve des canards-renards victimes d'un masculin destructif et dévorant[2], put résoudre son grave problème de possession par l'*Animus* négatif et soigner les dommages causés à son corps et à son esprit par la violence de l'avortement, qui avait littéralement « étouffé » sa féminité encore *in statu nascendi*, grâce à une série d'imaginations actives avec un

Animus qui se montrait amoureux d'elle et même sexuellement attiré par son corps féminin.

Cet *Animus* plein de chaleur, d'enthousiasme et d'*Éros* réussit peu à peu à faire une brèche dans l'état d'aridité désolante, de cynisme et de gel des sentiments de la patiente dans lequel l'avortement l'avait précipitée. Il lui parlait avec tendresse de son corps féminin, infusait lentement en elle la capacité de se réaccepter à travers l'amour d'elle-même, le respect de sa copropriété et la confiance en ses possibilités de réalisation. Cet *Animus* offre un exemple évident de cette spiritualité typiquement féminine que nous avons vue représentée par Arès et Dionysos : c'est l'esprit divin archaïque de la nature, chargé d'émotions et de libido sexuelles, dans lequel l'esprit et l'inconscient ne sont pas encore séparés[3].

Le problème du corps avait été particulièrement grave pour cette patiente car elle avait été précocement abusée dans son enfance, et ces abus avaient suscité en elle une peur profonde des risques inhérents à ses charmes physiques. C'est pourquoi elle avait toujours négligé et maltraité son corps, soit en mangeant de façon irrégulière et immodérée, engraissant et s'habillant mal, soit on se jetant aveuglément dans des séries d'expériences sexuelles sans respecter ses propres besoins instinctifs.

Mais son *Animus* « amant » lui apprit à se respecter et à se plaire en tant que femme, grâce à l'amour qu'il manifestait pour son corps féminin. Certains passages des imaginations actives sont particulièrement significatifs et touchants.

« Il était temps que tu t'aperçoives combien tu es belle. »

« Le corps que tu as t'appartient, c'est un bien à toi que tu dois te décider à aimer, à soigner, à écouter, à suivre dans ses demandes... »

« Respecte-le, sans en abuser lorsque tu enrages, lui aussi a sa dignité. »

« Sois plus attentive à ton corps, ne sacrifie rien à l'autre[4] en holocauste comme tu l'as fait jusqu'à présent, ni ton vagin ni tes envies, écoute-toi beaucoup et réponds-toi de la façon que tu sens t'être la plus naturelle. »

Grâce à ce nouvel amour pour son corps, la patiente commença à apprendre à jouir d'elle-même et à croire à son droit à l'authenticité et à la joie de vivre. L'*Animus* l'invita alors à se décider à écrire sa thèse, parce que la licence représentait pour elle un passage à la maturité et à la responsabilité de la vie adulte, dans laquelle elle aurait pu (et dû) se dire oui à elle-même, en tenant compte des exigences d'expansion et de réalisation de sa personnalité.

« Tu deviens chaque jour plus belle, plus féminine et plus fertile de choses nouvelles. C'est formidable d'avoir une femme comme toi. Tu me rends fou. »

« Mais maintenant j'aimerais vraiment m'occuper d'autre chose avec toi [...] je voudrais aussi construire quelque chose [...] ta thèse, ton enrichissement intellectuel et créatif. » Suit une image de rite matrimonial, comme une préparation à la *coniunctio* féconde avec l'*Animus.*

« Je te vois en robe blanche brodée et aérienne, tu viens vers moi, légère, presque comme au ralenti. Je te reçois dans mes bras, je te transmets avec chaleur un amour, un désir, un respect et une admiration très tendre.

« Je t'aime. Tu m'aimes. Alors, je t'en prie, laisse-toi guider par moi, va vers le monde avec confiance et une tranquille détermination, jouis de tout ce que tu vis...

« Tu dois seulement te rendre compte combien tu es belle et riche, et devenir coopérative, autrement dit plus active et responsable, même en ce qui me concerne (c'est-à-dire te concerne).

« Viens jouir de cette chaleur enveloppante et rassurante, absorbe-la toute pour la sentir passer et exploser en toi comme une force irrépressible et créative. La vie s'étend devant toi : viens, prenons-la ensemble. »

8.

Principe féminin et principe masculin

Comment pouvons-nous tenter de définir ou au moins de décrire la véritable nature de la femme, le principe féminin dans ses aspects les plus divers et apparemment contradictoires dans toute sa complexité ? Nous avons vu que Neumann parle du développement de la conscience et de la formation du Moi comme de processus essentiellement masculins, de séparation de l'inconscient maternel-féminin et d'exclusion et de dévaluation de ses contenus — représentés par l'archétype de la lutte du héros contre le dragon. « L'activité de la conscience masculine est héroïque dans la mesure où le Moi assume spontanément la lutte contre le dragon de l'inconscient et la mène à son terme. Cette domination du principe masculin, qui a une importance décisive pour la position que le principe féminin occupe dans l'aire culturelle patriarcale, détermine le développement spirituel de l'Occident[1]. »

« La déflation de l'inconscient, c'est-à-dire sa "déposition" par la tendance patriarcale du développement conscient, est étroitement liée à la dévaluation du féminin à l'intérieur du patriarcat [...][2]. Le stade psychologique dominé par l'inconscient est régi par le matriarcat, c'est-à-dire la Grande Mère, qui est vaincue par le héros dans son combat contre le dragon. L'association de l'inconscient avec le symbolisme féminin est archétypique [...]. C'est pourquoi dans l'évolution héroïco-masculine, "s'éloigner de l'inconscient" tend à coïncider avec "s'éloigner du principe féminin". On retrouve un peu partout, jusque dans la psychologie des primitifs, cette tendance de l'évolution vers une conscience patriarcale, qui se reflète aussi dans le remplacement de la mythologie féminine lunaire par le mythe viril solaire. Tandis que les mythes lunaires [...] révèlent toujours que la lumière-conscience est dépendante du côté nocturne de la vie, c'est-à-dire de l'inconscient, cela ne se produit pas dans les mythes solaires de type patriarcal. Ici le soleil n'est plus le soleil du matin né de la nuit, mais le soleil du zénith. Il représente une conscience masculine qui se sait autonome et inconditionnée[...] [3]. »

Le même auteur décrit ailleurs la conscience matriarcale, caractéristique du féminin, comme différant de la conscience patriarcale « complètement séparée de l'inconscient et centrée sur le Moi », qui constitue « la base de la pensée scientifique occidentale [4] ». « Normalement chez la femme le rapport avec la totalité n'est jamais complètement annulé par le rapport avec la conscience ; à côté de l'identification du Moi avec le centre de la conscience, cet aspect de la totalité qui est représenté par le *Soi* féminin reste de toute façon vivant et perceptible [5]. » Avec la subordination du principe féminin aux valeurs de la culture patriarcale « l'homme devient pour la femme le représentant de la conscience et du développement conscient [6] ».

Le développement de la conscience chez la femme « passe par le Toi masculin, qui représente pour elle la conscience libératrice, qu'il soit expérimenté sous une forme transpersonnelle ou personnelle, à l'extérieur ou à l'intérieur [...]. Le devenir conscient et la culture de la femme dépendent très étroitement de l'homme [7] ».

Ces observations d'Eric Neumann fournissent les prémisses d'une analyse de la psyché féminine et de ses processus, plus complexes que la psyché et les processus masculins. La situation se complique encore du fait que le premier objet d'amour, la mère, ne s'identifie pas pour la fille, comme pour le garçon, à l'image de l'autre sexe. La ligne de développement est plus simple pour le garçon dont le premier objet d'amour est aussi la première femme et la première porteuse de la projection de l'*Anima.* En se reconnaissant différent, *autre,* le garçon est porté à structurer un Moi masculin *différent* de la mère et de l'*Anima,* et à différencier une conscience, comme monde du *Logos,* distincte du monde des sentiments et de l'inconscient représenté par la mère. Ensuite il trouvera son modèle d'identification en la personne du père, qu'il peut considérer comme semblable à lui, et qui l'aide à se reconnaître et à se retrouver dans le monde des valeurs culturelles masculines.

La fille, par contre, doit passer de la mère — son premier objet d'amour, avec laquelle elle vit d'abord dans un rapport symbiotique originel, mais en qui elle trouve aussi son modèle d'identification et donc la base de la formation du Moi — à la relation avec la première figure de l'autre sexe, le père, porteur de la projection de l'*Animus.* Pour elle, la mère est le modèle d'identification et doit aider à la formation du Moi, mais en même temps elle est le premier objet d'amour, avec lequel la fille ne vit ni séparation ni différenciation, mais au contraire l'unité, l'état d'identité originelle du rapport symbiotique. Le père est le représentant de l'autre sexe, c'est-à-dire du *différent de soi,* et donc de ce qui est inconscient, mais en même temps il est le porteur des valeurs culturelles conscientes.

Nous avons donc, pour l'homme, une situation relativement plus simple et plus linéaire à l'origine, où l'inconscient est la Mère, indifférenciation, affects, *Anima,* obscurité, ténèbres, inconnu, mystère, irrationalité, ombre, tandis que la conscience est désidentification et différenciation, lumière, champ d'action du Moi, organisation rationnelle, objectivité, monde du *Logos* et des idées.

Chez la femme les choses se compliquent beaucoup : si le processus de développement de la conscience ne peut appartenir qu'au Moi, les valeurs du *Logos* et de l'esprit proviennent en revanche de l'inconscient, de l'*Animus.* Le principe dominant de la conscience féminine est l'*Éros,* qui n'est pas un principe de *vérité,* et donc de discrimination, de recherche cognitive, de réflexion et d'exploration scientifique, comme le *Logos,* mais un principe de *relation,* d'union, qui s'intéresse au domaine personnel plus qu'au général, au subjectif plus qu'à l'objectif, à ce qui est proche plus qu'à ce qui est éloigné, à l'analyse plus qu'à la synthèse, au psychologique plus qu'au logique.

La réalisation spirituelle et créative — comme la capacité d'agir, de vouloir, de faire des choix et de prendre des décisions — est inspirée, chez la femme, par l'*Animus,* dont les contenus émergent de l'inconscient et doivent être intégrés. Pour qu'une femme sache ce qu'elle veut, et parvienne à le réaliser, il ne suffit pas qu'elle ait un Moi fort et indépendant — c'est-à-dire qu'elle ait dépassé les niveaux d'identité et d'identification avec les figures parentales —, il faut encore que l'*Animus* ait un rapport positif avec son Moi féminin et fonctionne de façon favorable au développement de sa personnalité. Quand une femme fait un choix, ou lorsqu'elle se sent sûre de ce qu'elle pense, elle court toujours le risque de s'identifier avec l'*Animus,* s'attribuant à elle-même l'action ou la pensée : « c'est moi qui... ». S'il peut être difficile pour l'homme de se distinguer de ses propres états d'âme, soit de son *Anima,* c'est une véritable entreprise pour la femme que de se distinguer — en tant que Moi centre du champ de la conscience et sujet de tous les actes volontaires conscients — de l'*Animus* dont les opinions et les jugements ont l'apparence d'idées et de réflexions de la conscience et répondent au monde des valeurs culturelles masculines où la femme, comme l'homme, est habituée à vivre.

Outre le danger d'invasion de l'*Animus* et de mélange du Moi et de l'inconscient, la femme court le risque qu'il ne se produise un conflit entre son identité féminine et un développement spirituel et cognitif qui ne prend pas naissance dans le Moi. Dans ce sens, la femme a encore plus besoin que l'homme de ne pas perdre contact avec son inconscient parce que l'unilatéralité qui en dérive est pour la femme plus dangereuse et dissociante : l'histoire du patriarcat le confirme, où la très longue « phase nécessaire » de détachement du Moi de l'inconscient est une prérogative beaucoup plus masculine que féminine et où la femme mène une vie « en marge », ne créant pas de culture, mais restant en contact vital avec la nature.

La situation de la femme se complique encore du fait que l'*Animus* n'est pas seulement porteur des valeurs spirituelles et du principe de conscience, mais qu'en entrant en contact avec le Moi il prend aussi des caractères sexuels et érotiques qui sont typiques de la relation et de la sphère de l'*Anima*[8]. La complexité de la personnalité féminine est encore confirmée dans l'astrologie qui, comme chacun sait, donne des indications psychologiques sur les principales composantes de la nature humaine. Pour définir le Moi d'une femme, il faut tenir compte dans l'horoscope non pas d'un élément, comme pour l'homme, mais de deux éléments : il ne suffit pas d'observer l'ascendant, il faut encore étudier la position de la lune.

Comme le dit Emma Jung : « [...] la conscience féminine est moins rigoureuse et moins claire mais appréhende en revanche ce qui est plus éloigné et encore caché. On a toujours reconnu à la femme le don pour la voyance et l'intuition. Son regard, moins focalisé, lui permet de pressentir ce qui se cache dans l'ombre[9]. »

La lumière de la lune est plus ténue et plus diffuse que celle du soleil, mais c'est justement pourquoi rien n'échappe à son rayonnement. Toutes les choses se fondent dans sa lumière qui les embrasse au lieu de les distinguer et de les séparer, et qui, en en atténuant les couleurs et en en adoucissant les contours, révèle l'unité insoupçonnée de l'univers.

Lorsque nous sommes dans un champ de lumière trop intense, les zones d'ombre deviennent impénétrables. Mais dans la lumière de la lune, on peut distinguer même les petits foyers de lumière et les objets qui restent dans l'ombre : la lune ne cache pas le ciel étoilé. Pour mieux comprendre cette caractéristique de la conscience féminine, on peut se rapporter à ce que Jung dit à propos de la relativité de la conscience : les contenus de la conscience ne sont jamais perçus dans tous leurs aspects, ils restent partiellement inconscients. « Nous en arrivons donc à la conclusion paradoxale qu'il n'y a pas de contenu de la conscience qui ne soit inconscient à un autre point de vue[10] ». « La lumière de la conscience possède, comme nous le savons par l'expérience immédiate, de nombreux degrés de clarté, et le complexe du Moi, de nombreuses gradations dans son intensité[11]. »

Dès son origine — comme on le voit au niveau primitif et au niveau infantile —, la conscience se constitue par agrégations successives de contenus émergeant de l'inconscient : lorsqu'il n'y a pas encore un complexe du Moi structuré, nous voyons qu'elle étincelle çà et là, chaque fois qu'un événement extérieur ou intérieur vient l'éveiller. Même aux niveaux plus élevés, la conscience n'est jamais une totalité complètement et définitivement intégrée, mais est toujours capable d'une expansion indéfinie. On peut la considérer « comme entourée de nombreuses petites luminosités[12] ».

Il ne faut donc pas penser à une lumière absolue de la conscience qui s'oppose à l'obscurité totale de l'inconscient, mais plutôt à des contenus psychiques relativement conscients, organisés dans la lumière suffisamment continue et ininterrompue du complexe du Moi, contrairement à des contenus psychiques relativement inconscients — une myriade de luminosités dissociées et autonomes que nous pourrions nous représenter comme le « firmament intérieur » de Paracelse, « qui contemple la psyché obscure comme un ciel nocturne constellé d'étoiles, dont les planètes et les constellations d'étoiles fixes représentent les archétypes dans toute leur luminosité et leur numinosité[13] ». Dans les rêves et les visions des patients d'aujourd'hui on voit apparaître le ciel étoilé, ou une myriade de lumières, ou bien des yeux innombrables qui brillent dans l'obscurité, qui symbolisent précisément ces multiples luminosités présentées dans l'inconscient.

Comme le dit M.-L. von Franz[14], « un archétype constellé dans l'inconscient d'un individu transmet des idées spontanées, des images, des connaissances, des inspirations, une connaissance intuitive des choses » qui témoignent d'une forme d'« intelligence » tout à fait différente de celle de la conscience du Moi. La femme semble participer, nettement plus que l'homme, de cette relativité naturelle de l'inconscient et de la conscience. Elle est beaucoup plus capable que l'homme d'accepter et de comprendre le *relatif*, qui inclut aussi l'*autre partie*, contrairement à l'*absolu* qui exclut rigidement de soi tout ce qui y est étranger, comme incompatible. La conscience patriarcale s'est élevée à une « autosuffisance » ou plutôt à une « suffisance du Moi[15] » qui lui a conféré un pouvoir apparemment absolu sur l'inconscient et une suprématie incontestable sur le féminin et les forces de la nature. Mais cette sorte d'omnipotence trouve sa limite dans l'unilatéralité excessive qui est fatalement menacée d'*énantiodromie*, c'est-à-dire de chute dans son opposé.

A l'heure actuelle, comme peut-être jamais auparavant, il est nécessaire de réévaluer une conscience féminine qui est, de par sa nature, beaucoup plus liée à l'inconscient : de fait, paradoxalement, c'est dans l'inconscient que le Moi féminin puise non seulement sa vitalité créatrice mais aussi son principe de conscience. La modalité « lunaire » de la conscience féminine, dont le rayonnement ne laisse rien échapper et ne cache pas le ciel étoilé, tend à une vision totale, même si elle est imparfaite, qui s'oppose à l'idéal de perfection masculine.

« La *perfection* est un *desideratum*, une aspiration et un besoin masculins, tandis que la femme, par nature, vise *à la "complétude"* [...]. Car de même qu'un ensemble complet est toujours imparfait, la perfection est toujours incomplète et représente de ce fait un état terminal désespérément stérile. *Ex perfecto nihil fit* — du parfait (ou de l'achevé) rien ne sourd, disent les maîtres anciens, tandis qu'à l'opposé, "l'imparfait" porte en lui les germes d'une amélioration future[16]. »

Dans le Nouveau Testament, le principe féminin a été accepté et promu en dignité en la personne de Marie, mais toujours d'après la tendance masculine à la perfection qui porte atteinte au principe féminin d'imperfection et de complétude. Marie est exempte de la tache du péché originel, sa conception est « immaculée », sa virginité éternelle. Elle est trop parfaite pour être véritablement humaine, elle n'a pas d'*Ombre* et, par conséquent, elle ne peut pas avoir soif de rédemption. Comme l'observe Ida Magli [17], le personnage de Marie se ressent d'une culture masculine qui a toujours vécu la naturalité féminine comme dangereuse dans la mesure où celle-ci tend à se soustraire à sa capacité de domination et de contrôle rationnel.

La nature s'oppose dialectiquement à la culture, mais en même temps elle en est la base inséparable [18] ; nous pouvons peut-être trouver là une clé interprétative du destin du féminin dans notre culture patriarcale : il ne pouvait être éliminé, mais devait être contrôlé et diminué, c'est-à-dire rendu étranger à sa propre nature, aliéné.

« La connexion de la femme avec la nature est cosmique et justifie le rapport que l'on fait entre le cycle mensuel et le cycle lunaire [...]. C'est seulement pour l'homme, qui ne les possède pas, que la menstruation, la grossesse, l'accouchement peuvent être supposés participer de la qualité "terrible et numineuse" qui est toujours "autre" et donc révèle le lien de la femme avec la Puissance, la rendant "différente" et redoutable pour l'homme. Liée au mystère (qui est toujours puissant parce qu'on ne peut le posséder) de la *natura naturans* qui exprime, dans les cultures primitives comme dans les cultures classiques, elle-même le divin, l'"avant" l'homme et l'"au-delà" de l'homme, la femme est donc proche du sacré, et participe de l'ambivalence de tout ce qui est sacré [19]. »

Avec l'affirmation des cultures patriarcales monothéistes s'affermit un dieu créateur, supérieur à la nature, qui représente l'assurance désormais acquise par la conscience masculine, en mesure de dominer les forces de la nature. La femme est donc confinée dans le cadre d'une nature inférieure, exclue du divin et du sacré.

Dans le judaïsme elle est considérée comme « impure »

et elle est écartée de la sphère religieuse à cause de sa physiologie (menstruations, accouchement). Dans le christianisme, son exclusion du sacerdoce, c'est-à-dire du rapport direct avec la divinité, se présente plus clairement comme un *être-nature marqué par la faute*, puisque c'est à elle que l'on attribue la principale responsabilité du péché originel. Les forces de la nature sont associées aux forces du mal et aux pouvoirs de Satan. *Donna ianua diaboli* (la femme, porte ouverte au Diable) peut-on lire dans les textes théologiques du Moyen Age. Et les traités de démonologie de l'époque, parmi lesquels le *Malleus Maleficarum* est resté célèbre, disent que « la femme est un danger pour elle-même et surtout un danger pour l'homme ».

La chasse aux sorcières est la manifestation extrême de cette crainte qu'inspire aux hommes la nature mystérieuse et insaisissable du féminin. C'est pourquoi Marie doit être « Vierge immaculée », exempte de la « souillure du péché » et donc nécessairement vidée de la puissance des anciennes déesses : la force créatrice de l'*Éros*, de la sexualité et des instincts. La désobéissance d'Ève est réparée par l'obéissance de Marie, une obéissance dénuée de curiosité et de soif de connaissance. « Toute autonomie de la Madone est repoussée parce qu'elle est perçue comme une analogie possible avec l'image divine de la femme dans son activité créatrice[20]. »

Pour retrouver, dans notre culture occidentale, une image divine qui reflète la totalité des instances archétypiques du féminin dans toute leur complexité souvent paradoxale et toute la richesse transformatrice de leur imperfection — où le haut ne renie pas le bas, mais souvent s'en enrichit —, il faut chercher dans un lointain passé, dans les courants de pensée secrets, révolutionnaires et hérétiques des premiers siècles du christianisme.

M.-L. von Franz observe que le processus de réalisation et d'humanisation du féminin, commencé dans l'Antiquité païenne, a été interrompu ou remplacé par l'humanisation du *Logos* dans la personne du Christ. Ce n'est que dans la gnose et dans l'alchimie qu'a survécu secrètement l'image féminine divine de *Sophia*, la *Sapientia Dei*, profondément enfouie dans l'obscurité de la matière, demandant, dans son besoin de rédemption, d'être délivrée de sa captivité [21]. Dans la doctrine de Simon le Mage, elle est tombée assez bas pour devenir une prostituée dans un bordel de Tyr et elle doit être sauvée par Simon, qui reconnaît en elle l'*énnoia*[22] de Dieu le Père. Dans l'*Aurora consurgens*, la Sapience est une créature souffrante, qui erre à la recherche de l'*artifex* par lequel elle trouvera la rédemption, s'exposant aux railleries de la foule et éveillant la *concupiscentia* : ce qui suggère immédiatement son imperfection naturelle [23].

Au cours du développement patriarcal monothéiste de l'Occident, le féminin, détrôné et réprimé, est devenu ainsi le secret hérétique caché dans la matière (c'est-à-dire dans l'inconscient) car refusé par le conscient collectif dominant qui ne peut être libéré qu'à travers une réalisation consciente. *Sophia* dans le gnosticisme est une personnification féminine du Saint-Esprit. Le Saint-Esprit est le pneuma divin qui réchauffe avec le feu de l'amour, illumine l'esprit et le rend ardent [24].

De même la Sapience dans l'alchimie enflamme et inspire l'adepte, lui donne l'illumination. Mais elle demande secours à l'homme, elle a besoin du travail de l'homme : d'après les alchimistes, l'homme a le devoir de libérer l'aspect féminin caché de Dieu de sa captivité dans la matière et de réunir la divinité féminine avec la divinité masculine manifeste. Ce qui semble indiquer la nécessité de rétablir le contact avec l'inconscient en tant que matrice féminine de la Sapience, de l'illumination et de la transformation.

Ida Magli se rapproche beaucoup de ce point de vue, par le biais de l'anthropologie, lorsqu'elle parle de la *Sophia* en tant qu'image féminine d'une sagesse qui n'a pas besoin « de passer à travers la connaissance pour atteindre la plénitude du savoir humain [25] ». Les recherches anthropologiques ont démontré qu'à la racine des cultures la femme est en contact avec l'au-delà, avec le monde des morts, avec le rythme de la vie dans la nature et le cosmos, avec les cycles du temps.

L'image divine féminine est une Sapience capable de pénétrer le mystère du transcendant, en face duquel le savoir culturel masculin se révèle insuffisant et inadéquat. « C'est seulement parce qu'il y a un "transcendant" que la vie sur la terre est pour l'homme un problème terrible et inexplicable ; et c'est chez la femme, dans son être "autre" et "ouvert" à un au-delà, que l'homme a entrevu d'abord ce qui le met en "rapport", ce qui fait de son existence un être conscient et en rapport avec quelqu'un ou quelque chose qui le transcende[26]. »

Comme le dit Neumann, « le développement de l'humanité en général et de la personnalité humaine en particulier a toujours été, et doit être, dépendant des forces spirituelles qui dorment dans l'inconscient. L'homme moderne découvre ainsi à un autre niveau ce que l'homme des origines a éprouvé dans une intuition écrasante, à savoir que dans le pouvoir féminin de l'inconscient, qui engendre et nourrit, qui protège et transforme, une Sapience, infiniment supérieure à la Sapience de la conscience éveillée, est à l'œuvre et intervient, en sa qualité de source des visions et des symboles, des rituels et des lois, de la poésie et de la vision, pour sauver l'homme et orienter sa vie. Cette Sapience féminine maternelle n'est pas une connaissance abstraite, désintéressée, mais une Sapience de participation amoureuse[27] », qui réagit, répond et intervient avec l'immédiateté de celui qui est présent et proche, comme l'inconscient et comme le corps ; qui accueille tous les aspects de la vie et a des racines dans le sein obscur de la terre, dans l'impureté de la matière.

C'est pourquoi l'idéal de perfection de notre culture patriarcale, qui rejette à un tel point le principe féminin, provoque une grave mutilation, voire une dissociation, chez la femme. La pathologie de certains cas de schizophrénie féminine illustre de façon particulièrement dramatique combien une telle condition est insupportable et invivable.

Gaetano Benedetti[28] présente le cas d'une schizophrène

qui s'identifiait avec la Vierge Marie et était poursuivie par des voix « impures » de prostituées qui blasphémaient et raillaient sa soi-disant sainteté. Tous les besoins instinctifs féminins de cette patiente, sa réalité humaine et corporelle de femme étaient condamnés et dissociés à cause d'un rigorisme moral qui se plaçait sur un plan idéal de perfection totalement étranger à la réalité de la vie. Les exigences de vie naturelle et d'*Éros,* méconnues, défigurées et dissociées de la conscience, ne pouvaient se faire entendre qu'au moyen d'hallucinations, sous la forme de tentations diaboliques. La patiente identifia le médecin qui la suivait à un avocat de la prostitution, qui pour elle représentait une personnification du diable. Elle ne parvint à intégrer la partie dissociée d'elle-même que lorsqu'elle comprit que « le diable, qu'elle craignait tant, l'avait nourrie comme une mère ». À ce moment-là, les besoins instinctifs intégrés purent se manifester sous forme d'attitudes du Moi et non plus sous forme d'hallucinations et d'idées délirantes, et il apparut pour la première fois chez la patiente des attitudes de séduction féminine.

Un autre cas de schizophrénie [29], présenté par Benedetti, montre comment l'instinct maternel lui aussi, complètement nié, peut apparaître à la suite de l'acceptation du démon que — selon l'idée délirante de la patiente — sa thérapeute portait dans son sein. Cette femme était devenue schizophrène peu après la naissance de son premier enfant. Elle priait constamment et de façon obsessionnelle pour conjurer le danger de mort qui menaçait les membres de sa famille. Dans ses rêves, par contre, elle incitait son infirmière au massacre, manifestant ainsi ses charges agressives et destructives, dissociées du Moi. La thérapeute devint pour elle la personnification du démon parce qu'elle avait refusé de prier avec elle, c'est-à-dire de soutenir ce type de défense stérile et obsessive.

Mais, un jour, elle présenta à sa patiente un fantasme, qui lui vint à l'esprit grâce à son contact affectif avec elle : « Je désire porter dans mon sein ce démon que tu crains tellement, comme un pauvre petit enfant abandonné. »

Elle avait perçu, dans l'élément démoniaque, « un fragment essentiel de vie exclu de l'affection et du rapport humain et devenu destructif dans l'isolement psychique ».

La patiente réagit à cette communication en développant l'idée délirante que la thérapeute était enceinte et portait le diable dans son ventre. Ses terribles pulsions agressives dissociées purent ainsi s'incarner de façon projective dans une nouvelle créature, qui était en train de se former dans un ventre maternel. A partir de ce moment-là, la patiente commença à se calmer et à montrer de l'affection et de la tendresse pour la psychothérapeute : elle voulait lui donner à manger, pour nourrir l'enfant ; elle demandait si elles pourraient nourrir cet enfant diabolique jusqu'à le rendre humain. Ainsi, grâce à l'acceptation de l'*autre partie*, d'abord niée, put apparaître une soif de rédemption.

La thérapeute proposa de baptiser l'enfant avant sa naissance, en lui donnant un nom, et la patiente accepta aussitôt : à ce moment-là, elle qui n'avait jamais été en état de nourrir son fils convenablement (pas même avant sa psychose) et qui en avait même nié l'existence, sécréta des traces de lait. Elle désirait qu'« aucune goutte de lait ne se perdît pour que le bébé pût se nourrir ».

Finalement l'enfant diabolique naquit, c'est-à-dire que la patiente réussit à communiquer que « le démon redouté était une partie d'elle-même, cette partie que ses parents avaient toujours, année après année, par des meurtrissures quotidiennes et superflues, cruellement punie, et qui réagissait à la punition inadéquate et dénuée d'affection par d'énormes accès de haine et des fantasmes destructeurs ». La créature démoniaque avait été sauvée par le ventre maternel, qui l'avait acceptée avec amour. A partir de ce moment-là, la patiente fut en mesure d'accepter sa propre maternité.

J'ai cité ces cas extrêmes car il en ressort de façon particulièrement évidente à quel point la reconnaissance et la réévaluation du principe féminin dans le personnage de Marie ont imposé à la femme un idéal de pureté et de perfection qui l'a clouée dans un rôle rigide et insoutenable, absolument contraire à sa nature [30]. Le personnage de Marie est le résultat de l'antique condamnation de la faute d'Ève, et n'est élevé en dignité que moyennant la négation de la chair et de la séduction féminines, des fonctions corporelles et de l'instinct. C'est précisément lorsque Marie semble rendre sa dignité et sa valeur à l'image de la femme qu'elle la nie en réalité de façon encore plus radicale, parce qu'elle refuse sa vraie nature.

La véritable dignité et la vraie valeur de la femme ne pourront lui être rendues que lorsqu'aura été surmontée la dichotomie dénaturante entre matière et esprit, entre inconscient et conscience, entre *Éros* et *Logos,* qui viole le principe féminin dans son exigence profonde d'imperfection et de complétude.

« Ainsi, plus l'idéal de la femme est incurvé dans la direction du masculin, plus la femme perd la possibilité de compenser l'aspiration masculine à la perfection : ceci tend à créer un état, idéal dans la perspective foncièrement masculine, mais qui, comme nous le verrons, est menacé d'*énantiodromie* (par le renversement en son contraire) [31]. Par-delà l'idéal, il n'y a point de voie vers un avenir, à moins que ne s'accomplisse une volte-face équivalant alors à une catastrophe de l'idéal, qu'aurait pu éviter l'idéal féminin de complétude. C'est par l'effet du perfectionnisme de Yahvé que l'Ancien Testament s'est poursuivi dans le Nouveau ; bien que le principe féminin ait été accepté, reconnu et promu en dignité, il n'est pas parvenu à s'imposer ni à percer à travers la domination patriarcale. Il fera donc, comme nous le verrons encore, parler de lui [32]. »

On a déjà tellement répété que la femme n'a jamais créé de culture. Et pourtant la vraie cause de la névrose chez beaucoup de femmes consiste justement dans le fait qu'elles « ne sont pas en mesure de discerner la tâche culturelle qui leur incombe réellement. En général, on s'en tient beaucoup trop au point de vue d'une psychologie disant : “ce n'est rien que” ; entre autres, on croit toujours pouvoir comprimer dans le cadre du déjà connu ce qui est nouveau, ce dont l'avenir sera fait et qui se presse devant notre porte[33] ».

« Nombreux sont ceux parmi nos névrosés qui n'ont nul besoin d'être rappelés à leurs responsabilités et à leurs devoirs sociaux, mais qui au contraire sont destinés à être les porteurs de nouveaux idéaux de culture. Ils sont névrosés tant qu'ils se plient à une autorité et refusent la liberté à laquelle ils sont voués[34]. »

Je crois que le devoir culturel de la femme d'aujourd'hui consiste à revendiquer la liberté et la dignité de sa personne *entière*, qui pose à l'homme le problème de la reconnaissance et de la réévaluation de l'inconscient, facteur déterminant et dont on ne peut se débarrasser — non rationnel et non masculin — dans aucun aspect de la vie humaine, psychologique, culturel et social : dans ce sens le féminin et l'inconscient sont porteurs d'une culture nouvelle. La *complétude* féminine, qui inclut l'inconscient, contrairement à la *perfection* masculine, qui l'exclut et le nie, a — par rapport à cette dernière — un rôle complémentaire irremplaçable, parce qu'elle peut transmettre l'apport rénovateur de l'*autre*, du *différent*, de l'obscur inconnu et nié, qui contient les germes du développement futur.

Il ressort de tout ce qui précède que la psyché féminine est d'une plus grande complexité que la psyché masculine et que l'esprit masculin cherche constamment à réduire le féminin en l'adaptant à sa propre vision et à ses propres exigences. Ce qui a de graves répercussions dans l'interaction entre les deux sexes, tant sur le plan individuel, que sur le plan culturel et social. Une telle réduction mutilante du plus complexe par le plus simple ressort de façon évidente dans la sphère de la sexualité : la sexualité masculine se concentre sur la pénétration qui prouve sa puissance et souvent son pouvoir, réduisant et inhibant la sexualité féminine. Giovanni Cesareo[35] observe très justement que la sexualité féminine est plus riche et plus complexe que la sexualité masculine et que, lorsque la femme recouvre son corps et le délivre des inhibitions culturelles, elle montre qu'elle dispose d'une plus vaste gamme de possibilités de le révéler pour exprimer des sentiments et communiquer avec l'autre, pour vivre la rencontre sexuelle comme une rencontre personnelle et humaine : le corps féminin a une sensibilité diffuse, des rythmes d'excitation plus lents et plus indépendants de la finalité de l'acte sexuel.

Lorsque l'homme doit « confronter ses automatismes et sa sexualité élémentaire à la richesse "réveillée" de la sexualité féminine, il se sent désorienté et a peur d'être écrasé[36] ». Mais il me semble que l'on peut discerner dans l'actuelle réévaluation et exaltation du plaisir sexuel — qui portent un sceau typiquement masculin — une défense contre un féminin qui se révèle trop complexe et déconcertant, dans sa plus grande liberté, et en même temps le besoin de le réduire à une donnée simple, claire et distincte. L'« organisation scientifique de la sexualité » codifie en règles techniques minutieuses ce qui devrait être une rencontre d'amour.

« On voit proliférer les manuels de sexualité qui s'occupent du comportement des partenaires : comme dans les livres d'anatomie, le corps est décomposé, les "zones érogènes" sont énumérées comme des parties d'un mécanisme, les gestes "opportuns" suggérés avec une minutie terroriste, [...] l'imagination et la créativité sont une fois encore bannies ; la personne vivante et concrète et tressée dans son histoire particulière est remplacée par le personnage abstrait et uniforme du partenaire, l'objet sur lequel exercer ces compétences. Et le partenaire ne devient dans cette conception effectivement rien d'autre qu'un instrument de vérification de la capacité de chacun d'appliquer les normes édictées par les manuels[37]. »

Ainsi, même dans le domaine sexuel, le masculin tend à réduire le féminin en l'adaptant à lui-même : la « féminité » se réalisera donc à travers une habileté technique consommée, fondée sur une série de règles « objectives ». Une telle « organisation scientifique du sexe » s'oppose à la recherche de leur identité que les femmes poursuivent péniblement et reproduit — sur le plan culturel aussi — la subordination féminine[38]. Autrefois la femme était tenue dans l'ignorance de la sexualité et de son corps ; maintenant on lui prescrit un modèle rigide et mécanique de fonctionnement corporel qui ne nie pas moins qu'avant la richesse et la complexité de ses processus vitaux.

Jung[39] compare la complexité psychique à un cristal à multiples facettes. Pour l'être complexe il est difficile de s'adapter au plus simple, mais souvent le plus complexe résout la difficulté en faisant disparaître ses côtés incompatibles ou discordants et en montrant une façade d'apparente simplicité. « Dans les circonstances ordinaires de la vie, la simplicité est certainement plus avantageuse que la complexité[40]. »

Le plus simple coopère à cette adaptation réductive que s'impose le plus complexe, car le caractère insaisissable du plus complexe l'inquiète et, par conséquent, il tend à l'uniformiser et à l'adapter à sa propre simplicité. Le plus simple est toujours plus défini, plus net dans ses contours, et il peut donc avoir l'apparence de la perfection : cela lui confère une sécurité et une force qui lui permettent de prévaloir contre le plus complexe et de le dominer, au moyen de sa présumée supériorité. Le plus complexe tombera généralement d'accord sur cette « supériorité » du plus simple parce que son caractère indéfini et son imperfection — comme étant éternellement « à l'état de projet » — contiennent les germes d'un sentiment d'infériorité par rapport à ce qui présente les caractères du déjà réalisé, défini et achevé.

Si le plus complexe subit la domination du plus simple, il se laissera réduire par celui-ci à une forme statique, à un immobilisme sans avenir, qui le détournera complètement de sa nature la plus authentique : de fait, ce qui est complexe a besoin de se sentir *complet* dans la plénitude de ses discordances, de se sentir unitaire dans la multiplicité et dans le labyrinthe de ses aspects apparemment contradictoires et incompatibles, de se reconnaître et de s'accepter comme un *imparfait en perpétuel devenir*, pour pouvoir tendre vers une amélioration future.

Tout cela peut avoir créé les prémisses d'une situation d'infériorité et de dépendance de la femme par rapport à l'homme. Si l'on ajoute, en outre, le fait bien connu qu'avant de devenir consciente de son *Animus* la femme le vit en projection, il n'est pas étonnant qu'elle ait pu voir et vivre, pendant tant de siècles, le principe de conscience et les valeurs de l'esprit, la capacité de connaissance et de créativité spirituelle, la faculté de décision et de choix, comme appartenant à l'autre *(hors de soi)*. Le chemin à parcourir pour récupérer les valeurs féminines ne peut être que très long, tant pour la femme que pour l'homme. La femme a besoin de surmonter le danger — implicite dans sa complexité — de fragmentation, de dispersion et d'inharmonie, non en opérant une réduction mutilante et aliénante de sa nature, mais grâce à un sentiment unifiant d'amour total envers elle-même et envers l'autre, sans se laisser détourner du fait que l'homme est déconcerté et désorienté par la multiplicité insaisissable de ses aspects.

On voit aujourd'hui les premiers signes de ce que l'on pourrait définir comme une phase, ou comme un virage vers le féminin. Nous ne pouvons pour le moment évaluer la portée, ni fixer les étapes de ce qui nous paraît être un processus en cours. Nous pouvons seulement nous rapporter à ce qui devrait être l'objectif idéal du processus, à savoir la récupération du principe féminin dans son intégrité originelle, comme Jung l'a décrit en interprétant l'image d'une vision de l'Apocalypse : « La femme renferme en ses profondeurs obscures le soleil de la conscience virile, qui, comme l'enfant, se dégage de la mer nocturne de l'inconscient et qui, comme le vieillard, s'y enfonce à nouveau. La femme ajoute l'obscurité à la clarté, elle signifie le *hierós gamos*, le mariage divin des contraires et elle réconcilie la nature avec l'esprit[41]. »

APPENDICE

Phénoménologie de l'*Animus* dans les contes de fées

Le matériel archétypique des contes de fées est généralement compensateur des idées et des valeurs du conscient collectif. Il peut donc offrir une nouvelle orientation en ce qui concerne les problèmes que le monde de la culture dominante ne sait pas comment affronter. Aujourd'hui la femme est à la recherche d'elle-même, parce qu'elle ne réussit plus à s'identifier avec l'image et le rôle qui lui ont été assignés par la culture patriarcale. Le féminisme a relevé les contradictions dans lesquelles la femme vit et se débat, il a fouillé ses problèmes et ses conflits dans toute leur intensité dramatique, et a mis en lumière la désorientation, souvent tragique, dans laquelle la femme finit par se trouver, au moment où elle renie l'image traditionnelle et la place qu'elle a toujours eues. Mais le féminisme n'a pas réussi à offrir des solutions.

Il est possible de retrouver dans les archétypes les possibilités de vie et de réalisation qui ont été négligées par le monde de la conscience. Le conte de fées présente à l'état pur — non contaminé par des éléments de l'inconscient personnel — les modèles de comportement fondamentaux de la psyché et les situations typiques qui peuvent se présenter dans la vie concrète.

J'ai choisi et résumé librement dans les contes de fées interprétés par M.-L. von Franz les motifs dans lesquels on peut le mieux reconnaître les formes archétypiques de fonctionnement de l'*Animus*, l'étendue et les limites de ses pouvoirs et les modèles de comportement de la femme dans sa relation avec lui. Pour ma part, j'ai donné ici quelques développements et amplifications, illustrés par des exemples cliniques.

La confrontation avec l'*Animus* est le problème essentiel de la femme d'aujourd'hui : pour commencer à se libérer de l'état de dépendance et d'infériorité par rapport à l'autorité masculine, aussi bien extérieure qu'intérieure, la femme doit cesser de vivre son *Animus* exclusivement en le projetant sur un homme réel ou sur des valeurs collectives de la culture patriarcale pour commencer à en reconnaître l'existence en elle-même en tant que composante originale et active de sa personnalité. Si la femme réussit à établir une relation positive avec l'*Animus*, celui-ci renforce et fait mûrir son Moi féminin. Dans la femme d'aujourd'hui, nous pouvons souvent cueillir un processus en acte, qui tend à renforcer son Moi, à développer ses capacités intellectuelles, à lui faire atteindre une plus grande autonomie par rapport à l'homme, prendre ses responsabilités et acquérir plus de connaissances. Ce n'est qu'à travers un rapport fécond avec l'*Animus* que la femme peut arriver à se distinguer de tout ce que l'on a dit et pensé d'elle dans notre société patriarcale et à trouver une nouvelle orientation de vie, en découvrant ses capacités actives et créatives, tant du point de vue individuel que culturel et social.

1. La Femme qui devient araignée

La Femme qui devient araignée[1] est un conte de fées esquimau dans lequel nous voyons comment l'infraction aux règles de la vie collective, née d'un désir de quelque chose de singulier, qui sorte de la norme, mène au désastre. Il s'agit du problème de la tendance à l'individuation : c'est un motif typique des contes de fées, qui s'accompagne toujours de multiples difficultés et souffrances. La conclusion est parfois positive, comme dans le conte d'*Amour et Psyché.*

Mais dans notre histoire la protagoniste fait l'erreur de ne pas ouvrir les yeux à temps au moment de son retour sur terre : psychologiquement cela signifie que sa conscience est trop faible, de sorte que l'expérience de l'au-delà (c'est-à-dire de l'inconscient) s'achève par une catastrophe au lieu d'engager le processus de l'individuation.

C'est un problème typique des primitifs. Quand le Moi n'est pas assez fort, il n'est pas en mesure de soutenir une confrontation avec l'inconscient, et avec le processus d'individuation qui en découle. Dans la pratique psychothérapeutique nous rencontrons ce problème lorsque le patient est psychotique ou a une psychose latente.

Il était une fois un homme et une femme qui avaient une fille qui refusait tous les prétendants que son père lui présentait. Un jour, au cours d'une de ses promenades solitaires, elle trouva la tête d'un beau jeune homme qui lui adressa la parole. Elle la ramassa et la porta à la maison, et elle vécut heureuse sans être dérangée, pendant un certain temps, parlant avec la tête.

Mais lorsque le père découvrit la tête, il se mit très en colère, la blessa et la jeta hors de la maison. La tête roula jusqu'à la mer et y disparut, laissant une traînée de sang derrière elle. La jeune fille, désespérée, suivit la traînée de sang et parvint jusqu'au fond de la mer ; elle y trouva la maison où habitait la famille des têtes.

Mais l'esprit-tête, indigné du traitement que son père lui avait infligé, la renvoya. En proie au désespoir, sans savoir ce qu'elle faisait, la jeune fille se mit à courir autour de la maison. Elle vit alors deux routes, dont l'une menait jusqu'à la terre tandis que l'autre montait vers le ciel, et elle prit cette dernière.

La tête lui cria : « Tu prends le mauvais chemin ! Si tu montes au ciel tu n'en reviendras plus ! » Mais la jeune fille lui répondit : « Que m'importe où je vais, si tu ne veux plus vivre avec moi. » Alors la tête regretta son attitude et supplia la jeune fille de revenir, mais il était trop tard.

Dans le ciel, la jeune fille rencontra l'Esprit de la Lune qui l'emmena chez lui. Puis, désobéissant à son ordre, elle alla trouver la femme-araignée, une vieille fileuse qui lui dit que l'Esprit de la Lune voulait la tuer et lui donna une corde pour descendre sur la terre en l'avertissant qu'elle devait tenir les yeux fermés pendant la descente et les rouvrir immédiatement dès qu'elle toucherait terre, sinon elle ne recouvrirait jamais sa forme humaine. La jeune fille se laissa glisser jusqu'à terre, mais elle ne réussit pas à ouvrir les yeux assez vite et fut transformée en araignée.

Dans ce conte l'héroïne est attirée par un esprit-tête, et non par un homme, ce qui indique une possession par l'*Animus* : la femme épouse une tête et est inabordable sur le plan de la réalité et de la relation humaine ; elle est engagée dans un dialogue permanent avec son facteur spirituel autonome et discute avec lui de tout ce dont elle ne peut parler avec les personnes réelles, mais elle ne s'en rend pas compte, pas plus qu'elle ne se rend compte qu'elle est coupée de la réalité et de la vie. Elle a une façon de penser aride et intellectualiste, sans vie, car elle a perdu le contact avec les instincts et les émotions. L'état de possession par l'*Animus* a été préparé par l'attitude de la jeune fille qui méprise les hommes et refuse le mariage.

Dans ce conte, la mère est tout juste mentionnée, mais le père joue un rôle déterminant : donc on peut penser que le mépris des hommes a son origine dans un lien non résolu de la jeune fille avec son père. Ce dernier se met en colère parce que sa fille ne veut pas se marier, sans se rendre compte que c'est lui qui a posé les prémisses de cette situation.

Ce genre d'ambivalence du père envers sa fille est bien connue : consciemment le père veut que sa fille se marie, et ne supporte pas qu'elle se montre incapable de se détacher de lui, mais inconsciemment il la tient attachée à lui. En fait, ce type de père est théoriquement favorable au mariage, mais en réalité il a toujours mille objections et mille critiques à faire sur tout homme avec lequel la fille noue une relation. Il arrive parfois que le père pousse inconsciemment sa fille à épouser un homme « très bon et honnête », c'est-à-dire intellectuellement inférieur à lui et dépendant de lui, qui n'est pas en mesure d'entamer le lien érotique entre lui et sa fille et ne deviendra jamais un vrai rival. Dans ce conte on ne voit apparaître aucun jeune homme réel, on ne voit qu'une tête. Mais le père se comporte avec la tête comme un amant jaloux avec son rival : il l'élimine sans pitié.

Il est clair que le père ne veut laisser à sa fille aucune autonomie spirituelle : elle devrait accepter les idées et les principes du père sans penser de façon indépendante. Il est en effet très difficile pour un père d'être bienveillant envers l'*Animus in statu nascendi* de sa fille adolescente. On découvre souvent au cours d'une analyse que les premières manifestations de l'activité mentale et spirituelle de la fille ont été brisées par les réactions négatives du père. M.-L. von Franz dit que beaucoup de femmes sont gravement atteintes dans leurs possibilités de développement spirituel et de réalisation, parce que leur père les a découragées, ou a fait de l'ironie à propos de leurs intérêts et de leurs aspirations.

L'*Animus*, comme l'*Anima*, dans sa forme originelle, est désagréable et irritant ; il faut néanmoins chercher à respecter ses manifestations ou à les ignorer discrètement sans intervenir. L'*Animus* créatif, à ce stade naissant, est tellement sensible qu'une jeune fille peut perdre son enthousiasme et sa confiance dans ses propres possibilités, s'il est trop gravement blessé par des critiques extérieures.

J'ai déjà parlé d'une de mes patientes qui cessa de jouer du piano parce que son père lui avait dit qu'elle n'avait pas de talent, ou d'une autre qui n'arrivait pas à terminer ses études de médecine parce que son père lui avait dit que c'étaient des études trop astreignantes et absorbantes et qu'elle ne pourrait jamais les mener à terme. Si la fille subit le conditionnement de la pensée du père, son *Animus* devient négatif et destructeur.

Dans ce conte aussi nous voyons que l'*Animus*-tête, blessé et offensé, repousse la jeune fille qui est allée le chercher dans la mer de l'océan collectif. Là on a l'impression que le Moi féminin est définitivement perdu : la jeune fille est désespérée et prend le mauvais chemin, vers le ciel au lieu d'aller vers la terre, nonobstant l'avertissement de la tête qui lui crie que c'est un chemin d'où l'on ne revient pas. L'obstination de la jeune fille dans l'erreur (« Si tu ne veux plus vivre avec moi, qu'importe où je vais ») reflète une impulsion autodestructrice, sous la forme d'une vengeance contre le père, qui a des conséquences beaucoup plus graves que la possession par l'*Animus*-tête : l'*Animus*-tête, pour négatif qu'il fût, était tout de même un élément spirituel qui donnait une valeur et une signification à la vie de la jeune fille et la soustrayait, dans une certaine mesure, à la domination paternelle, à l'autorité indiscutable de ses idées et de sa vision du monde.

Il faut toujours tenir compte de cela dans le travail analytique : même si une patiente semble, au début de l'analyse, possédée par l'*Animus* au point d'être coupée de la vie et même s'il apparaît clairement que ces « noces avec la tête » dérivent d'un complexe paternel négatif, l'analyste ne doit pas blesser et offenser « la tête » avant que des aspects plus positifs de l'*Animus*, qui collaborent à la transformation de la personnalité et lui apportent de nouvelles valeurs, ne soient constellés dans l'inconscient. Il faut beaucoup de patience et savoir tolérer le caractère déplaisant et irritant et l'aridité rationalisante de l'*Animus*-tête, en le respectant en tant que germe de développement futur, parce que la patiente n'a encore rien d'autre qui la protège de l'autodestruction. Sinon on risque de lui enlever l'unique valeur et sens de sa vie et d'activer en elle des tendances autodestructives à titre de vengeance contre celui qui l'a privée de son compagnon spirituel.

Au moment où elle s'obstine dans l'erreur, la jeune fille du conte est perdue : elle a été jouée par l'inconscient, parce que le complexe paternel et l'*Animus*, quoiqu'ennemis, finissent par collaborer pour la priver de son unique valeur, pour laquelle cela valait la peine de sauver sa propre vie. Après la déclaration autodestructrice de la jeune fille, la tête se repent, mais il est désormais trop tard.

Nous savons que la fin de l'histoire sera tragique. Le Moi féminin n'a aucun moyen de s'opposer au jeu inconscient des aspects masculins. La conscience féminine est trop faible, il lui manque le contact avec la réalité et avec la terre. C'est pourquoi la fin négative est prévisible : la jeune fille n'ouvrira pas les yeux à temps sur la réalité et sera transformée en araignée.

La femme-araignée est une image féminine archétypique, un symbole du Soi, riche de promesses et de possibilités créatrices, qui cherche à sauver l'héroïne de l'*Animus* archétypique destructeur (l'Esprit de la Lune, totalement étranger à la réalité terrestre) et lui offre une possibilité de toucher terre et de devenir humaine. Mais le Moi de la jeune fille est trop faible et passif, c'est pourquoi elle devient une araignée, c'est-à-dire une fileuse de fantasmes et de rêves, les yeux ouverts, sans contact avec la réalité et la vie.

Je voudrais citer un exemple onirique de ce genre de lien et de complicité entre l'*imago patris* et l'*Animus.* La rêveuse est une jeune fille que je ne connais pas et qui ignore la psychologie de Jung. Le psychiatre, que la rêveuse était allée voir pour une psychothérapie, ne savait presque rien d'elle au moment du rêve. La veille la patiente avait fait des dessins d'« auto-Rorschach[2] », sur la suggestion du psychiatre. Il s'agit du rêve initial de la psychothérapie.

« Je suis dans la rue. A un moment, je me rends compte qu'un “petit bonhomme” me suit. Je réussis à me réfugier dans la maison de mes parents et à refermer la porte. Le “petit bonhomme” se trouve alors prisonnier entre le mur de la maison et un autre mur, parallèle au premier, qui n'existait pas auparavant. Des amis arrivent, mes collègues de travail, qui font un trou dans le nouveau mur pour faire sortir le “petit bonhomme”. S'ils ne l'avaient pas fait, le “petit bonhomme”, prisonnier de ce “système défensif”, aurait produit une tension explosive, aurait fait “sauter la digue”. Ensuite le “petit bonhomme” reste à attendre que je sorte de chez moi. A ce moment-là mon père intervient et me dit : “Tu ne peux pas rester tout le temps enfermée à la maison. Autant faire entrer tout de suite le ‘petit bonhomme’ et lui demander ce qu'il veut.”

« Nous le faisons entrer, nous nous asseyons à table et nous mangeons avec lui. Il me semble que tout va bien, mais, au moment de prendre congé, le “petit bonhomme”, en me serrant la main, me la serre comme avec une pince et m'entraîne hors de la maison. Je comprends que c'est un piège, mais trop tard. L'escalier s'interrompt rapidement : après quelques marches c'est le vide. Avant que le “petit bonhomme” ne me pousse dans le vide, je m'y jette moi-même. Je me réveille alors terrifiée. »

La patiente décrivit le « petit bonhomme » comme un type maigrelet, insignifiant, boiteux et ambigu, qui voulait se venger sur elle d'une offense que son père lui avait faite. Son père, dans la réalité, avait eu de nombreuses maîtresses : sa mère en souffrait, et pleurait souvent. Le père s'était toujours montré très possessif envers sa fille et était jaloux des jeunes gens qui la courtisaient. Jusqu'à une période récente (la jeune fille avait à présent vingt-trois ans), il ne lui avait jamais permis de sortir avec un garçon.

Le rêve semble évoqué par la constellation de l'*Animus* négatif, qui s'est produite après la première peinture d'auto-Rorschach, qui représentait deux petits bonshommes encapuchonnés et menaçants au milieu desquels se trouvait une femme — à laquelle la patiente s'identifiait — sans tête et divisée en deux, ressemblant à un insecte [3].

Le « petit bonhomme » boiteux, d'aspect insignifiant, mais ambigu et doté d'une force mystérieuse, presque diabolique, est une représentation typique de l'*Animus* négatif dans toute sa potentialité maléfique contre laquelle on ne peut lutter parce qu'elle n'est pas visible, mais cachée derrière un aspect inoffensif et insignifiant. Au début, la jeune fille a peur et s'enfuit, ce qui signifie qu'elle sent instinctivement le danger. Mais elle se trompe de refuge ; elle cherche protection de façon régressive dans le monde de ses parents.

A ce moment précis apparaît la « digue », le « système défensif » de la patiente, qui constitue une barrière entre elle et le monde, empêchant sa libido de couler vers l'extérieur. Ici le « petit bonhomme » prisonnier produit une tension explosive, une charge agressive et destructive. Les amis sont des principes « animiques » en rapport avec la vie, avec le réel, qui offrent une aide, et retardent la catastrophe, mais ils n'ont pas le pouvoir de résoudre la situation. Cela devrait correspondre au fait que la patiente établit des rapports avec des jeunes gens de son âge, mais de façon trop superficielle, sans un engagement émotif suffisant pour libérer la libido fixée dans le rapport infantile avec son père.

Le père est très ambigu : apparemment il est bienveillant envers sa fille, il donne un conseil qui semble juste (il faut affronter l'ennemi supposé, l'image menaçante, la regarder en face et avoir une explication avec elle), il semble offrir sa protection à sa fille, un peu comme s'il disait : « Je suis ici avec toi, de quoi aurais-tu peur ? » — mais tout cela n'est qu'un piège dans lequel la patiente tombe, renonçant à son instinct de conservation qui lui suggérait la fuite.

Dans certains cas, quand l'*Animus* négatif est trop puissant, on ne peut l'affronter directement : l'unique chose à faire est de fuir. Nous approfondirons ce problème un peu plus loin en examinant le conte du *Cheval magique.* La confrontation directe du Moi avec l'*Animus* négatif provoque la catastrophe. Dans le cas de la patiente, son rêve, que m'a présenté le psychiatre qui la suivait, me fit penser à une personnalité très fragile, peut-être menacée par une psychose latente. Dans ce drame onirique la secrète complicité entre le personnage du père et l'*Animus* négatif de la fille apparaît clairement. Dans la réalité le père ne voulait pas que sa fille unique devienne indépendante de lui et réalise sa vie propre. La vengeance du « petit bonhomme » contre la fille a été causée par une faute du père, c'est-à-dire que le père a inconsciemment fait endosser à sa fille un problème qu'il n'avait pas résolu, son rapport avec l'*Anima* et la femme. La fille a probablement beaucoup souffert de ce que son père trahissait sa mère sans aucun égard pour sa souffrance : il en est sorti un *Animus* cynique et destructeur à l'égard de la vie et des femmes, qui a influé de façon négative sur le Moi féminin de la patiente.

La vengeance exercée sur elle ressort du *karma*, autrement dit du prix à payer, le devoir (ou la condamnation ?) né du problème non résolu du père. Le lien étroit entre le complexe paternel et la possession par l'*Animus* chez la fille est confirmé par de nombreux contes de fées. Un de ceux-ci, un conte sibérien, raconte l'histoire d'une femme seule qui épousa un esprit malin (un Kélé[4]).

2. *La Femme qui épousa la Lune et le Kélé*

> Une femme, abandonnée par son mari, était si affamée qu'elle alla voler de la nourriture dans la maison de l'Homme de la Lune, qui la retint prisonnière et lui interdit d'ouvrir un certain coffre. La femme désobéit et découvrit dans le coffre une femme dont le visage était à moitié rouge et à moitié noir : c'est elle qui jusqu'alors procurait la nourriture, mais elle mourut d'avoir été exposée à l'air. L'Homme de la Lune découvrit que sa prisonnière avait transgressé ses ordres et la rendit à son père qui, irrité, la donna en mariage à un esprit mauvais, un Kélé. Après diverses aventures la femme retourna chez son père mais, soudain, le père et la fille moururent.

Ce conte souligne la solitude, la misère et la faim, toutes les situations typiques de la possession par l'*Animus*. La solitude consiste à être isolé des rapports humains. La faim exprime le besoin de vie, d'activité signifiante et de communication avec les autres, mais l'*Animus* engendre une inquiétude et un activisme frénétiques — un état d'insatisfaction permanent où la femme doit faire toujours plus, sans se rendre compte que la solution se trouve dans son intériorité et non dans la fuite vers l'extérieur. La misère indique l'état de pauvreté et d'aridité dans lequel se trouve la femme.

Le dieu de la Lune apparaît souvent dans les contes comme l'amant invisible d'une femme mariée, en tant que figure inconnue, magique et pleine de mystère, qui exerce un pouvoir d'attraction irrésistible et a le charme « de l'illimité, de l'infini et de l'inaccessible », comme le définit Ibsen dans *La Dame de la mer*. Ce drame décrit la terrible fascination qu'exerce « l'étranger » sur la protagoniste qui, bien qu'ayant épousé l'homme qui lui convenait, ne réussit pas à le sentir ni à entrer en relation avec lui, à cause de cette force mystérieuse qui la soustrait à la vie et à la réalité de ses sentiments. L'Homme de la Lune peut représenter l'*Animus* dans la femme comme lumière de conscience moins intense que le soleil, plus diffuse, plus nuancée, c'est-à-dire un principe de conscience qui émerge de l'inconscient.

Dans ce conte, la femme a été abandonnée par son mari, elle a donc perdu le contact avec ses sentiments féminins : c'est pourquoi elle est poussée d'abord par la faim, puis par la curiosité, à pénétrer dans les secrets de l'Homme de la Lune. L'Homme de la Lune est ambigu et ambivalent parce qu'il n'existe encore aucune prise de conscience de l'*Animus* de la part du Moi. Il tient cachée la femme au visage mi-rouge, mi-noir, c'est-à-dire un principe féminin obscur, qui contient les valeurs du sentiment et nourrit. Ce principe féminin est l'opposé du Moi avide, affamé, insatiable : au contraire la femme obscure procure la nourriture, elle semble être une sorte de déesse de la fertilité, peut-être une forme annonciatrice du *Soi*. Mais la curiosité prématurée de la protagoniste la tue.

C'est là le thème de l'*illumination prématurée* où l'exploration des possibilités cachées détruit les germes de vie. La possession par l'*Animus* provoque souvent ce manque de tact et de respect chez une femme, à cause du besoin irrépressible de fouiller et de fureter partout où elle flaire des signes de vitalité, comme un chien de chasse. La femme perd ainsi le contact avec son instinct et fait toujours ce qu'il ne faut pas : au lieu de laisser croître et de nourrir dans l'obscurité les germes de vie, elle retire la semence de la terre, ce qui la tue. M.-L. von Franz dit que les « mères qui sont dans ces dispositions ont tendance à vouloir tirer de leurs enfants tous leurs secrets de sorte que leur spontanéité et leur possibilité de se développer se flétrit[5] ».

Une de mes patientes avait une mère de ce genre. Quand elle commença son analyse, elle était dans un état de grande anxiété, qui se manifestait par des crises hystériques et une faim insatiable qui la poussait à vider des frigos entiers. La mère suivait et contrôlait tous ses états d'âme, toutes ses pensées et ses projets, elle ne lui permettait même pas de fermer la porte de sa chambre et intervenait dans chacun de ses rapports amoureux.

On a interprété sa faim comme une tentative pour compenser, en se remplissant de nourriture, le vide provoqué par sa mère qui l'avait dépouillée de tout contenu et de toute valeur intérieure. A ce sujet, l'interprétation du symbole de la tortue, apparue dans ses songes, fut très utile : dans un rêve angoissé la patiente se rendait compte que la carapace de sa tortue était cassée. Elle avait effectivement eu une tortue lorsqu'elle était enfant, pour laquelle elle éprouvait un attachement presque morbide, qui dura quasiment toute son adolescence, jusqu'au début de son analyse : si elle ne trouvait pas sa tortue ou si elle l'avait confiée à quelqu'un, elle se sentait perdue, dans un état d'affolement et de forte angoisse.

La tortue peut se retirer dans sa carapace, se rendant ainsi invisible et inattaquable de l'extérieur. La cuirasse défensive de la tortue représentait le besoin qu'éprouvait la patiente de se mettre à l'abri des regards indiscrets et des interventions directives de sa mère, protégeant ainsi le secret de son développement : la présence de la tortue lui permettait de sauver — au moins sous la forme d'une projection — son noyau individuel d'importance vitale. L'attitude de contrôle anxieux et dévorant que la mère avait avec sa fille venait de son état de possession par un *Animus* inquisiteur, hypercritique, hyperactif et ayant le culte de l'efficacité, qui ne laissait aucun espace à l'instinct maternel et à la croissance naturelle.

Dans notre conte, la malédiction du père condamne la protagoniste à épouser un esprit démoniaque, ce qui indique que l'attitude négative du père envers sa fille la pousse dans un état de possession par l'*Animus*. Cette possession détermine la fin tragique de l'histoire. La mort contemporaine du père et de la fille indique que l'identification existant entre eux n'est pas résolue et que le problème de la possession par l'*Animus* est resté inconscient.

Le thème du père qui s'attache à sa fille, en la coupant de la vie et des rapports avec le monde, apparaît aussi dans un autre conte, où le père enferme sa fille dans un coffre de pierre[6].

L'effet « isolant », dévorant et mortel de l'*Animus* négatif est manifeste dans le conte balkanique *La Jeune Fille et le Vampire*[7], où un jeune homme, qui est un vampire, enlève une jeune fille et l'enferme dans une tombe. On peut en dire autant du conte français *L'Epouse de l'esprit de la mort*[8] dans lequel une femme, qui a rejeté tous ses prétendants, accepte d'épouser la mort et reste ainsi hors de la vie pendant mille ans, jusqu'au jour où elle est libérée.

Dans le conte des frères Grimm *Le Roi Barbe de Grive*[9], un roi a une fille qui tourne en ridicule tous ses prétendants. Elle donne à l'un d'eux le sobriquet de « Barbe de Grive » pour le ridiculiser. Dans ce conte aussi la fille vit seule avec son père, est inabordable et a l'attitude typique de mépris, de dérision et de critique de la femme possédée par son *Animus*, qui fait obstacle à toute relation humaine.

Comme dans les contes précédents, le lien de la fille avec son père empêche d'abord son mariage, puis la « livre » à une figure masculine négative. Le roi veut que sa fille se marie et, à la fin, exaspéré par son refus constant, la donne au premier venu.

Toutefois, il y a là une différence : le mari de la princesse n'est négatif qu'en apparence, parce qu'il est un mendiant, c'est-à-dire un homme pauvre, mais il n'a pas de traits dangereux et destructeurs particuliers, comme l'esprit-tête, le Kélé, le vampire ou la mort. Après moult souffrances et péripéties, la princesse découvrira qu'elle a en fait épousé le roi Barbe de Grive qui s'était déguisé en mendiant pour venir à bout de son orgueil.

Contrairement aux précédents, le conte se termine bien. Si nous comparons la forme de possession par l'*Animus*, telle qu'elle se manifeste chez l'héroïne de ce conte, à celles dont souffrent les héroïnes des contes précédents, nous pouvons déterminer les deux formes principales d'activité négative de l'*Animus* : la femme devient très agressive, hypercritique, rationalisante, ou bien elle est toujours distraite, rêveuse, presque comme si elle n'était pas de ce monde, telle *La Dame de la mer* d'Ibsen.

Il me semble qu'aujourd'hui la femme, contrairement à celle du siècle dernier, est orientée davantage vers le premier type de possession que vers le second. Si on prend les féministes comme exemple typique et extrême, nous voyons qu'elles ne craignent pas du tout de paraître agressives et désagréables et — même lorsqu'elles souffrent d'être coupées des rapports humains — qu'elles l'acceptent courageusement, en cherchant à ne pas trahir leurs idées et leurs principes. Cela signifie laisser agir l'*Animus*, le vivre et le montrer pour ce qu'il est, sans s'imposer un masque hypocrite de féminité conventionnelle. C'est une situation meilleure que l'autre, parce qu'elle est plus près de la possibilité de traduire l'activité de l'*Animus* dans quelque chose de concret.

Si la femme fournit à l'*Animus* un champ d'action, une activité créatrice, elle pourra l'induire à travailler dans un sens constructif et graduellement sortir de son état de possession pour récupérer ses valeurs féminines de sentiment sans devoir craindre plus longtemps de se sentir inférieure ou d'être « dupée par les hommes ». Aujourd'hui on observe une augmentation de la production créatrice féminine dans l'art, la littérature, les essais, qui fait penser à une évolution de ce genre.

A ce propos il peut être utile de rappeler l'interrelation établie par H. Binswanger[10] entre les deux composantes de l'*Animus* : l'image de l'homme qu'une femme développe en elle, et les qualités masculines de la personnalité féminine. H. Binswanger dit que ces deux aspects de l'*Animus* opèrent souvent dans des sens opposés et que lorsque la libido augmente dans l'un elle diminue dans l'autre. Le flux de la libido qui lie les deux aspects de l'*Animus* peut être produit ou par des changements externes ou par des modifications internes.

L'*Animus*, en tant qu'image de l'homme, tend essentiellement à être projeté à l'extérieur sur un homme réel, et, dans les cas extrêmes, quand toute l'énergie de l'*Animus* se déverse dans la relation, la femme peut devenir complètement possédée par le porteur de la projection. Les femmes de ce type semblent généralement très féminines et inconscientes et ont un Moi infantile et relativement faible qui s'adapte complètement à la projection de l'*Anima* de l'homme. C'est le cas de *La Dame de la mer* d'Ibsen.

Alors que l'*Animus*, en tant que côté masculin de la personnalité féminine, est essentiellement dirigé vers l'intérieur et renforce le Moi et la personnalité de la femme. Dans des cas extrêmes la femme risque de devenir masculine au point d'en perdre la capacité d'établir un rapport avec un homme réel. L'aspect positif de cette condition est l'indépendance du jugement d'autrui, mais il arrive trop souvent que la femme devienne possédée par l'*Animus*, avec toutes les tendances à l'agressivité et à la volonté de pouvoir que nous connaissons.

Nous pouvons discerner aujourd'hui chez les femmes, en particulier les féministes, les signes de la prédominance de l'*Animus* comme aspect masculin intérieur, au détriment de l'*Animus* comme image de l'homme, projetée à l'extérieur sur un homme réel. Nous assistons à un processus de renforcement du Moi, de développement des capacités intellectuelles, d'acquisition de l'autonomie face à l'homme, d'acquisition aussi de responsabilités et de connaissances. Il semble que la femme d'aujourd'hui ait choisi la voie de son autoréalisation au prix de la perte, au moins temporaire, des valeurs les plus précieuses de sa féminité et de l'*Éros* dans ses rapports avec l'homme.

Il est vrai qu'elle semble souvent possédée par l'*Animus*, mais d'une façon qui n'est pas sans voie de sortie, parce qu'elle fait un effort honnête pour faire ses preuves dans la réalité extérieure et commence donc à mettre au travail l'*Animus* dans quelque chose de constructif : cette attitude lui offre la possibilité de se libérer de sa possession et de prendre toujours plus conscience de ses propres capacités dans le domaine spirituel et rationnel.

Nous voyons ici le signe de ce renforcement du Moi dont parle H. Binswanger et qui constitue la prémisse indispensable au développement de la personnalité. Le sacrifice des valeurs féminines, qui semble inévitable en tant que phase temporaire du processus, comprend aussi la perte du pouvoir de séduction sur les hommes, dont nous trouvons, comme nous l'avons vu, les fondements archétypiques dans le mythologème du sein brûlé des Amazones.

Mais pour comprendre et évaluer la vraie signification de certains excès et de certaines prises de position passionnelles et fanatiques des mouvements féminins, il faut aussi garder présente à l'esprit l'observation de M.-L. von Franz selon laquelle les manifestations intellectuelles et spirituelles proviennent, chez la femme beaucoup plus que chez l'homme, de l'inconscient : c'est pourquoi la façon de penser des femmes est moins froide, plus émotionnelle et instinctive. Toutefois cela n'arrive naturellement que lorsque la femme « pense avec sa tête », c'est-à-dire de façon authentique et originale [11]. Il faudrait donc montrer une grande prudence et ne pas surévaluer certaines manifestations de la pensée féminine, apparemment objectives et sereines, mais en réalité — et beaucoup plus qu'on ne le pense — collectives, conventionnelles et dénuées de potentialités créatrices.

3. Le Cheval magique

Un conte de fées du Turkestan, *Le Cheval magique*[12], présente le thème de la défaite de l'*Animus* négatif par la force vitale inconsciente et spontanée de l'instinct.

Il était une fois un roi qui avait une fille très belle. Lorsqu'elle fut nubile, le roi inventa une énigme subtile : celui qui saurait la résoudre aurait sa fille pour épouse. C'est un mendiant qui sut la résoudre, et le roi fut obligé de lui donner sa fille. Mais le mendiant était un Div, démon destructeur qui dévore les hommes. Alors la princesse désespérée alla pleurer dans l'écurie auprès de son cheval favori. Celui-ci lui dit de l'emmener avec elle, et d'emporter aussi quelques objets qui se révélèrent par la suite être des objets magiques.

Après un long voyage, la princesse arriva à la caverne du Div qui était pleine d'ossements humains. Le cheval lui dit qu'elle devait s'enfuir. Mais le Div suivit la princesse en fuite sur son cheval. Sur les injonctions de ce dernier, la princesse jeta alors derrière elle, les uns après les autres, les objets qu'elle avait emportés et qui se transformèrent en autant d'obstacles pour le poursuivant. Mais quand le Div, après avoir surmonté tous les obstacles, la rattrapa, le cheval dit qu'il n'y avait rien d'autre à faire que de l'affronter directement, et il lutta avec lui jusqu'à ce qu'il le tue.

Le cheval dit ensuite à la princesse de le tuer, de couper ses pattes et de les jeter dans les quatre directions en suivant un ordre précis. La princesse en fut très affligée, et elle ne voulait pas lui obéir, mais à la fin elle consentit à faire ce que le cheval lui demandait.

Alors des pattes du cheval poussèrent des peupliers d'or au feuillage d'émeraude, de ses entrailles sortirent des villages, des champs et des prés, ses côtes se transformèrent en un château d'or, et de sa tête jaillit un fleuve d'argent. C'était une sorte de paradis où la princesse rencontra un beau prince qui l'épousa.

Dans ce conte le démon destructeur est vaincu par le cheval fidèle de la princesse. Seul l'instinct peut sauver d'un *Animus* complètement destructeur. Le cheval représente la force vitale totalement inconsciente et spontanée, la réaction instinctive authentique à laquelle on peut se fier. C'est l'énergie instinctive qui soutient le Moi à son insu, c'est le flot de la vie, que nous ne créons pas, mais que nous chevauchons, pour ainsi dire, tout au long de la vie et à travers tous ses événements. C'est une force portante, une sorte d'énergie motrice que la plupart des gens acceptent sans se poser de questions : ils se laissent simplement porter dans la vie par leurs instincts, désirs et objectifs. Cette force constitue une sorte de santé inconsciente, qui consiste à se conformer inconsciemment à sa propre structure animale, sans l'interroger en aucune façon [13].

On pourrait peut-être avancer l'hypothèse que dans les cas de psychose latente, ou de personnalité suicidaire, on rencontre la carence du « cheval », c'est-à-dire de cette santé instinctive qui tend à l'autoconservation et cherche à protéger la personnalité de forces inconscientes trop destructives. C'est pourquoi l'analyste devrait être toujours très attentif et vigilant lorsqu'il a affaire aux défenses de ses patientes et à leur résistance à l'analyse de l'inconscient. Les défenses du patient doivent toujours être respectées, jusqu'au moment où elles tombent d'elles-mêmes, lorsque le patient n'en a plus besoin, parce que son « cheval » est devenu assez fort pour soutenir autant la lutte contre les forces négatives de l'inconscient que la transformation individuelle qui en découle.

Le sacrifice volontaire du cheval signifie un renoncement total à tout ce flot de libido qui nous unit et qui nous fait adhérer à toute notre impulsion vitale. En d'autres termes, c'est un état complet d'introversion artificielle (c'est-à-dire provoquée volontairement). Ce sacrifice présuppose un Moi solide et adulte, qui peut tolérer la frustration et renoncer à ses propres désirs égoïstes de succès, prestige, pouvoir et gratification en tout genre, en faveur du *Soi.*

Le Soi représente l'appel à des valeurs et à des significations beaucoup plus hautes que la pure et simple réalisation des désirs et des besoins immédiats. Mais pour pouvoir sacrifier le cheval, il faut l'avoir en soi et avoir joui de ses bienfaits pendant tout le temps nécessaire, avoir déjà réalisé les exigences et les objectifs de la première moitié de la vie, c'est-à-dire atteint la maturité de la sexualité et du sentiment, et conquis sa propre place dans le monde.

Pour pouvoir se passer de cette « santé inconsciente » qui peut fonctionner d'elle-même pour notre bien, il faut une personnalité très saine et forte qui n'a pas besoin, ou n'a plus besoin, de se défendre massivement contre des noyaux de complexes autonomes pathologiques ou destructeurs. En fait, un sujet qui a une psychose latente, ou un obsessionnel grave, ou une personnalité fragile d'une façon ou d'une autre, dont le Moi est faible et surnage habilement à force d'acrobaties sur les eaux de l'inconscient, ne peuvent accéder au processus d'individuation et doivent en règle générale se contenter d'une réalisation beaucoup plus modeste.

Il ressort clairement de ce conte que l'*Animus* destructeur a été évoqué chez la protagoniste par l'attitude du père extrêmement possessif et tyrannique, qui a mis en jeu de façon cynique, dans une devinette, la vie érotique de sa fille. Alors entre en fonction le cheval, l'instinct salvateur. Au début, il s'agit de se laisser sauver par cette force vitale saine, en fuyant le facteur autonome destructeur de l'inconscient au lieu de l'affronter directement. Cela correspond à une vérité psychologique : dans les cas où une patiente semble dans un état de possession diabolique et dévorante, il ne faut pas affronter directement le « démon », mais apprendre à la patiente à éviter de se confronter directement avec le complexe autonome qui l'envahit.

J'ai eu en analyse une jeune femme qui arrivait souvent déprimée, irritée et fermée à toute communication, parce qu'elle passait son temps à dialoguer avec ce qu'elle appelait son « Div », son démon intérieur. Heureusement elle aimait un homme qu'elle ne voulait pas perdre, de sorte que son instinct et son *Éros* étaient dans le jeu. A un certain moment, elle se rendit compte que son *Animus* négatif cherchait à détruire de toutes les façons sa relation avec l'homme qu'elle aimait.

Alors, je pus l'aider à fuir cet *Animus* négatif. Elle me demanda comment faire en pratique pour l'éviter et je lui appris à sortir (ou à fuir) dans la réalité extérieure, en faisant quelque chose de concret et en disant, littéralement, à l'*Animus* négatif de se taire, jusqu'à ce qu'apparaissent les résultats de ces actions concrètes dans la vie extérieure.

D'ordinaire, l'*Animus* ne résiste pas aux faits réels et aux choses concrètes, parce qu'il est absolument ignare en ce qui concerne le monde extérieur. C'est pourquoi toutes ses ruses consistent à décourager les initiatives de la femme avec des déclarations de faillite générales. On pourrait remplir un formulaire avec les affirmations négatives et d'un pessimisme radical de l'*Animus*, tant elles se ressemblent et s'appliquent sans distinction à toutes les femmes et de la même façon. Leur monotonie est exaspérante.

Je ne citerai ici à titre d'exemples que quelques-unes de ces expressions, parmi les plus courantes : « De toute façon tu n'y arriveras jamais (quoi que tu fasses !) » ; « De toute façon maintenant c'est trop tard ! » ; « Inutile même d'essayer, ce serait peine perdue » ; « La vie est absurde, c'est une vie de chien, il ne faut pas se bercer d'illusions » ; « Tout est inutile » ; « Il vaut peut-être mieux en finir tout de suite ».

Il semble incroyable que tant de femmes tombent dans ce piège, qui consiste uniquement à les tenir loin de la vie et de l'épreuve des faits. Mais, souvent, la femme tente de répondre à l'*Animus* et de combattre ses arguments, sans se rendre compte qu'elle fait ainsi son jeu, l'*Animus* voulant la garder dans le piège d'une discussion stérile, avec des arguments qui n'ont plus aucun contact avec la réalité.

Alors que, pour faire quelque chose dans la réalité et fuir l'*Animus* négatif, il faut écouter la voix de l'instinct, cette « force motrice » qui nous porte vers la vie et nous donne envie de ceci ou de cela. L'*Animus* négatif opère dans un sens anti-instinctif, réussissant à faire tomber une femme dans un état d'aboulie et d'apathie dans lequel rien n'a plus d'importance et ne vaut la peine que l'on bouge le petit doigt.

Dans le conte, le cheval se sert d'abord de la magie, suggérant à la princesse de jeter les objets magiques contre le poursuivant, puis il recourt à la force, affrontant le Div dans une lutte directe. On peut observer que c'est la princesse qui jette les objets magiques[14], mais c'est le cheval qui lutte contre le Div : ce qui signifie que le Moi peut détourner, on dirait presque magiquement, l'action destructrice de l'*Animus* — dans la mesure où le fait d'écouter les suggestions de l'instinct peut avoir un effet « magique » contre son pouvoir — mais qu'il ne peut pas affronter l'*Animus* négatif dans une lutte directe.

La confrontation directe doit être assumée par l'instinct vital (le cheval) lorsque celui-ci est suffisamment fort pour le faire. Son renforcement dépend de l'intérêt et des soins constants du Moi, qui doit l'écouter et le prendre sérieusement en considération, comme le fait la princesse avec son cheval. On voit cela aussi dans l'imagination active : si un *Animus* négatif, dont on discerne la force prévaricatrice, est constellé, il ne faut jamais l'affronter directement, mais au contraire cultiver la relation avec une image intérieure positive, qui soit en contact avec les énergies vitales de la nature instinctive. Cette relation est fortifiante et féconde non seulement pour le Moi, mais aussi pour l'image inconsciente, qui en est nourrie.

A un certain moment la transformation se produit : l'*Animus* négatif est dépotentialisé, sans que le Moi ait agi directement contre lui. Alors que l'affronter directement aurait signifié le nourrir, lui conférer de l'importance et de l'autorité, lui donner de la force et de la libido.

La phase suivante — comme nous le voyons dans le conte — est le sacrifice du cheval. Après la défaite du Div, il s'agit de renoncer complètement à l'extraversion naturelle de la libido vers la vie et vers le monde, pour refluer en soi-même, dans une introversion volontaire, ce qui est un grave sacrifice. Nous voyons que la princesse répond à la demande du cheval avec une grande tristesse : « Comment pourrais-je te tuer, toi, mon sauveur ? »

Mais c'est là la voie vers le Soi : le cheval tué se transforme en un « mandala[15] » merveilleux. L'énergie vitale, qui prenait la forme du cheval lorsqu'elle était utilisée dans le monde, se manifeste maintenant, dans cet état d'introversion, comme le Soi. Le cheval n'est donc que « le déguisement, l'apparence revêtue par le Soi lorsqu'il s'exprime à travers les dynamismes inconscients. La poussée vers un dépassement de cette énergie inconsciente, vers l'individuation, est un véritable instinct humain, probablement le plus fort de tous, c'est pourquoi il apparaît d'abord sous la forme d'un animal[16] ».

Mais il faut le sacrifier pour découvrir sa nature plus profonde de guide spirituel de la personnalité. Ce sacrifice montre que le processus intérieur vers l'individuation et la créativité qui en dérive impliquent le renoncement aux gratifications extérieures, au principe du plaisir, au prestige, au pouvoir, aux biens de ce monde.

4. *La Jeune Fille et le Crâne*

Un autre conte, sibérien, *La Jeune Fille et le Crâne*[17], illustre la transformation de l'*Animus.*

> Une jeune fille, qui vivait avec ses vieux parents, trouva un crâne, le ramena chez elle et commença à parler avec lui. Lorsque ses parents s'en aperçurent, ils en furent horrifiés car ils crurent que leur fille avait épousé un Kélé et qu'elle était elle-même devenue un esprit malfaisant. Ils s'enfuirent, abandonnant leur fille et détruisant leur maison. Emportant toutes leurs possessions, ils traversèrent la rivière.
>
> La jeune fille restée seule reprocha au crâne la solitude dans laquelle elle se trouvait. Le crâne lui dit alors de le brûler dans le feu : il pourrait ainsi acquérir un corps. La jeune fille devait se couvrir les yeux et surtout ne pas regarder le crâne brûler. Elle fit tout ce qu'il lui demanda, restant dans l'obscurité tout en entendant le rugissement des flammes et le tumulte de cavaliers qui arrivaient au galop. Finalement, lorsqu'elle ouvrit les yeux, elle vit devant elle un homme vêtu de peaux de bêtes, au milieu d'un groupe d'êtres humains et d'animaux. Il était très riche et elle devint sa femme.

Dans ce conte l'*Animus* apparaît au début comme un crâne, c'est-à-dire dans son aspect de mort. Dans les croyances primitives les crânes contiennent l'essence immortelle des hommes ; c'est de là que vient le culte des crânes en tant qu'esprits des morts. Dans le conte, le crâne, qui figure l'*Animus* dans cet aspect de mort, indique les activités mentales relatives à la tête, sans aucun contact avec les instincts et les émotions, c'est-à-dire les opinions négatives de l'*Animus*, qui éloignent une femme de la vie. L'esprit-crâne représente la situation psychologique dans laquelle la tête (l'intellect) devient autonome, séparée de la vie instinctuelle. Les parents abandonnent la fille parce qu'ils ont peur d'être possédés comme elle par les esprits, et elle reste complètement seule : elle n'a pas d'autres parents, ni d'amis.

En emmenant la tête chez elle, la jeune fille a suscité sans le vouloir les réactions hostiles de son entourage. C'est là une situation fréquente : une femme dont l'*Animus* est complètement autonome provoque des réactions négatives chez les autres, sans en soupçonner le motif. A travers le comportement hostile des autres, il faut prendre conscience que quelque chose en nous travaille à notre insu et que notre Moi doit entrer en relation avec l'*autre partie.* C'est précisément ce que nous voyons dans le conte. La jeune fille, abandonnée par ses parents, comprend que le crâne en est responsable et le lui reproche, c'est-à-dire qu'elle se tourne vers le complexe autonome et cherche à nouer une relation avec lui, qui tienne compte des problèmes de la vie réelle[18].

La solitude est une situation favorable à l'émergence des contenus de l'inconscient et peut représenter le point de départ d'un développement individuel de la personnalité. Cette attitude du Moi, qui se tourne vers l'*Animus* et, pour ainsi dire, le rend responsable de ce qu'il a provoqué, a pour résultat sa participation positive. Le crâne dit à la jeune fille de le brûler dans le feu.

« Le feu représente en général l'émotion et la passion, qui peuvent aussi bien nous brûler que nous éclairer. On brûle des offrandes afin de détruire leur composante physique et pour que leur image, ou leur essence, puisse s'élever avec leur fumée vers les dieux. A l'inverse, lorsqu'on calcine une “créature spirituelle”, cela lui confère un corps[19]. La passion nous oblige à sacrifier une attitude trop indépendante et trop intellectuelle et nous rend capables de donner une réalité concrète à l'esprit. Quand on supporte la souffrance de la passion, l'esprit n'est plus seulement une idée, c'est une expérience de la réalité psychique. Le crâne demande donc à la jeune femme de le jeter dans le feu. "Sans quoi, lui dit-il, nous souffrirons tous deux en vain." Il faut combattre la souffrance par la souffrance, c'est-à-dire par son acceptation : torturer le crâne dans le feu signifie rendre au crâne les tourments qu'il a causés.

« L'*Animus* éveille la passion chez une femme : les projets, intentions et caprices de l'*Animus* soulèvent en elle le doute de soi et la poussent à sortir d'elle-même et à exposer sa nature passive, féminine, à la résistance du monde extérieur [...]. En alchimie, le feu symbolise fréquemment la participation à l'œuvre et équivaut à la passion que l'on met dans les différentes opérations du processus[20]. »

Se couvrir les yeux pendant que le crâne brûle, c'est-à-dire pendant le temps de la transformation, montre le danger d'une illumination précoce. Il ne faut pas saisir intellectuellement tout ce qui survient dans la psyché ni chercher à définir et à mettre en catégories les événements intérieurs : il faut bien souvent contenir sa curiosité et son impatience et savoir attendre.

Même dans le travail analytique nous voyons que les personnalités les plus fragiles et les plus précaires veulent une interprétation immédiate de leur rêve, ou une réponse précise en ce qui concerne leur avenir, parce qu'elles ont trop peur du doute, de l'incertitude d'un état obscur « à l'état de projet », et elles tentent de vaincre leur angoisse en s'emparant d'une « clé de l'inconscient » pour l'évider et le dominer. Mais, comme dans les contes exactement, une illumination précoce détruit les processus[21] : la semence retirée de la terre meurt.

Les analystes doivent aussi se rappeler de cela : il faut souvent savoir attendre, sans vouloir ni définir ni orienter le développement futur du patient, avec le courage et l'humilité nécessaires pour l'accompagner dans l'obscurité. De la sorte l'analyste devient le « compagnon de voyage » du patient, acceptant lui aussi de ne pas voir et de ne pas savoir pendant tout le temps nécessaire.

Cette attitude d'honnêteté et de courage de la part de l'analyste, qui ne prétend pas guérir et sait attendre, mettant pour le moment de côté son jugement, de même que l'espérance et le désespoir, devient souvent contagieuse pour le patient : il apprend progressivement à accepter une situation aussi inconfortable, frustrante et génératrice d'anxiété et à persévérer dans son voyage vers l'inconnu, sans entraver le processus et sans prendre de décisions immédiates.

Il faut que l'analyste autant que le patient soient capables d'attendre sans intervenir et sans vouloir comprendre plus que ce qui « se laisse interpréter » de soi-même, lorsque les temps sont venus, acceptant de se mettre au service d'un processus supérieur et d'un dessein qui les transcende tous les deux : ce qui signifie respecter le Soi, toujours à l'œuvre dans un processus de transformation, et ses desseins qui ne sont jamais réductibles aux catégories de la raison.

Dans le conte, la jeune femme sait respecter la transformation, sans vouloir la comprendre et l'interpréter avant le moment propice ; elle peut ainsi rencontrer l'*Animus* positif, très riche et solidement relié à la vie instinctive, contrairement au crâne : il n'a pas seulement un corps, mais il est vêtu de peaux de bêtes et possède de nombreux animaux qui l'accompagnent. Ce qui signifie pour la femme avoir la possibilité de jouir de sa vie et d'œuvrer à sa propre réalisation de façon naturelle, sans artifices et d'une façon qui ne soit pas aliénante pour elle.

Mais l'*Animus* positif doit parfois être « sauvé » et racheté moyennant un dur et long travail du Moi. Ce thème de la rédemption de l'*Animus* est développé dans deux contes des frères Grimm que nous examinons ensemble parce qu'ils présentent des aspects différents du même processus[22].

5. *Les Six Cygnes*

Un roi s'étant perdu dans la forêt au cours d'une chasse rencontra une vieille femme qui lui offrit de lui indiquer le chemin à condition qu'il épousât sa fille. Le roi accepta et épousa la jeune femme, mais, comme il s'en méfiait, il cacha ses enfants (six garçons et une fille d'un premier mariage) dans un château solitaire situé dans une forêt. Il allait souvent les voir en cachette mais sa femme soupçonna quelque chose et, après avoir confectionné des chemises sur lesquelles elle jeta un charme, elle le suivit et découvrit le refuge des enfants. Elle trouva les six garçons et jeta sur eux les chemises ensorcelées : ils se transformèrent immédiatement en cygnes et s'envolèrent au-dessus de la forêt. La petite fille fut sauve car elle n'était pas avec eux, et elle décida de partir à la recherche de ses frères.

Après avoir longtemps cheminé à travers la forêt, elle arriva à une petite cabane. Au crépuscule, les six cygnes entrèrent en vol par la fenêtre et reprirent leur forme humaine. La fillette et ses frères se retrouvèrent, pleins de joie, et ils lui expliquèrent que la forme humaine ne leur était concédée que quelques minutes chaque soir. Pour les sauver elle ne devrait pas parler pendant six années et leur confectionner six chemises faites de stellaires[23] qu'elle jetterait sur eux lorsque les six ans seraient révolus.

La fillette cueillit des fleurs d'étoile dans la forêt puis elle monta sur un arbre et commença à coudre les chemises. Un roi qui chassait dans la forêt la trouva, tomba amoureux d'elle et, bien qu'elle n'eût pas prononcé une parole, il voulut l'épouser. Mais la mère du roi était méchante et elle cacha le premier enfant que la reine mit au monde, l'accusant de l'avoir tué. Il en alla de même lors de la naissance du deuxième, puis du troisième enfant.

Lorsque le troisième enfant disparut, le roi fut obligé d'accepter que son épouse fût jugée et condamnée à être brûlée comme sorcière. Mais au moment même où la sentence allait être exécutée, les six années touchèrent à leur fin et les six cygnes arrivèrent à tire-d'aile. Leur sœur jeta aussitôt sur eux les six chemises, et ses frères recouvrèrent instantanément leur forme humaine.

Mais la dernière chemise n'était pas tout à fait terminée, il y manquait une manche, de sorte que le cadet garda une aile de cygne. La reine fut enfin autorisée à parler et elle raconta tout. Les trois enfants cachés furent retrouvés et la méchante belle-mère fut brûlée sur le bûcher.

6. *Les Sept Corbeaux*

Un homme qui avait déjà sept fils eut enfin une fille, mais si petite et si fragile qu'il décida de la faire baptiser d'urgence pour qu'elle pût monter au ciel au cas où elle mourrait. Il envoya alors un de ses fils chercher de l'eau à la source, mais les garçons partirent tous ensemble, et chacun voulant être le premier à remplir la cruche, ils se bousculèrent et la cassèrent. Le père, anxieux de baptiser sa fille, s'exclama : « Je voudrais qu'ils se transforment tous en corbeaux ! » A peine eut-il prononcé le dernier mot que les garçons se transformèrent en corbeaux et s'envolèrent.

Les parents souffrirent beaucoup de leur disparition ; leur unique consolation était leur fille, qui devenait grande et belle. Un jour cependant, elle entendit des gens dire qu'elle était la cause du triste sort de ses sept frères. Elle demanda alors à ses parents de tout lui raconter et décida aussitôt de partir, jusqu'au bout du monde, pour délivrer ses frères, n'emportant qu'un anneau en souvenir de ses parents.

Elle arriva d'abord auprès du Soleil, qui était chaud et terrifiant et brûlait les petits enfants. Alors elle courut auprès de la Lune, qui était froide, avait un air mauvais et dit : « Je sens de la chair humaine ! » Elle s'enfuit de nouveau et se rendit chez les étoiles qui furent aimables et gentilles avec elle. L'étoile du matin, Vénus, lui donna un os crochu pour ouvrir le château de verre dans lequel ses sept frères étaient enfermés.

Mais lorsque la jeune fille arriva au château, elle s'aperçut qu'elle avait perdu l'os crochu et, pour ouvrir la porte, elle décida de se couper le petit doigt. En attendant le retour de ses frères, elle prit une bouchée de chaque assiette et but une gorgée dans chaque gobelet, laissant tomber l'anneau de ses parents dans le dernier. A leur retour les corbeaux se rendirent compte que quelqu'un avait mangé et but dans leurs assiettes et leurs gobelets, mais quand le dernier trouva l'anneau, il dit : « Grâces soient rendues à Dieu, notre sœur est ici ! Nous sommes sauvés. » La fillette se montra alors et, immédiatement, les corbeaux reprirent leur forme humaine, et très heureux ils se mirent en chemin pour rentrer chez eux.

Nous ne parlerons de ces contes que du point de vue de l'*Animus* et de sa rédemption. Dans les deux contes, les principes masculins chez la femme sont transformés en oiseaux. Ces oiseaux représentent des idées et des pensées involontaires, des intuitions et des fantaisies, qui apparaissent en nous tout à coup, mystérieusement. On dit alors : « Il m'est venu une idée. »

Il s'agit de contenus autonomes de l'inconscient qui peuvent s'envoler aussi vite qu'ils étaient venus, sans laisser de traces. Dans cette situation il n'y a pas encore de réflexion ni de pensée critique : le Moi ne s'est pas encore engagé d'une façon quelconque par rapport au contenu émergé ; il n'y a encore aucune intégration des contenus de l'*Animus*.

Le cygne et le corbeau sont tous deux des oiseaux d'Apollon. La beauté du cygne a engendré l'idée qu'il était un oiseau surnaturel, capable de prédire l'avenir, et donc consacré à Apollon. Dans son sens positif, le cygne représente une connaissance supérieure ; dans un sens négatif, il signifie la qualité inhumaine et « volatile » de l'*Animus* qui tend à fuir tout rapport avec la conscience. D'après le mythe et les légendes, le corbeau était blanc à l'origine : selon les Indiens d'Amérique et les Esquimaux, il s'est brûlé et est devenu noir en portant le feu et la lumière à l'humanité. D'après les Grecs, il est devenu noir car il a été maudit par Apollon[24].

Le corbeau est un oiseau plus ambigu que le cygne. Dans la Bible, il n'est pas revenu à l'arche annoncer à Noé la fin du déluge. Dans les rêves, le corbeau représente souvent des pensées tristes et destructrices, typiques des personnes déprimées[25]. Mais il a une fonction prophétique aussi et il est un messager de Dieu, qui apporte l'aide divine et de la nourriture au saints et aux ermites[26]. Il peut donc représenter l'aspect créateur de la dépression, qui apparaît chaque fois qu'on l'accepte au lieu de la nier et de la refouler.

Dans notre conte le cygne et le corbeau devraient indiquer des pensées *réprouvées* par la mentalité traditionnelle et l'esprit du temps dans lequel vit l'héroïne. Dans le premier conte, ils ont perdu leur forme humaine à cause d'un principe maternel négatif, dans le deuxième à cause d'un affect incontrôlé du père, c'est-à-dire de son *Anima* négative. Il s'agit donc de situations dans lesquelles le féminin réagit négativement, probablement parce que le conscient collectif est trop masculin et rationnel. Cela est très intéressant du point de vue de notre sujet, car cette situation présente de grandes ressemblances avec la situation dans laquelle vit la femme d'aujourd'hui.

M.-L. von Franz dit que l'esprit féminin est généralement plus près de la nature : ce qui est généralement refusé par l'opinion commune et la pensée scientifique est souvent recueilli par les femmes. A moins qu'elle ne soit possédée par un *Animus* rigide et rationaliste, la femme a sur l'homme l'avantage d'être plus libre et plus élastique en ce qui regarde les idées scientifiques et le monde du *Logos* en général, parce que d'habitude pour elle un changement dans ce domaine n'est pas d'importance vitale. A ce propos M.-L. von Franz cite, comme exemple d'un point de vue masculin, un professeur d'électronique qui, au cours d'une discussion avec elle sur des phénomènes parapsychologiques, répondit qu'il avait enseigné pendant tant d'années comment les choses se passaient, tout le reste n'étant qu'absurdités non scientifiques, qu'il n'aurait pas pu « survivre » à un démenti.

Par contre, la femme « accepte d'examiner le problème, de vérifier et, si l'examen est concluant, d'adopter la nouvelle conclusion. Cela explique pourquoi les femmes sont les premières à se rallier aux mouvements naissants. Il faut plus de temps aux hommes pour adopter de nouveaux éléments et de nouvelles idées. La façon plus détendue de penser des femmes leur permet d'avoir sur l'homme une influence très positive en l'amenant à une attitude plus souple. La femme dans ce cas est créatrice en ce qu'elle produit sur l'homme un effet fécondant, grâce à son attitude fantaisiste, libre et vivifiante. Le danger lié à cette tendance féminine positive serait de se laisser asservir par un mouvement qu'elle adopte ou par l'homme dont elle est l'inspiratrice. Hitler était suivi par une horde de furies qui avaient perdu tout sens critique ! Il est mythologiquement juste de dire que les femmes sont davantage en harmonie que les hommes avec les idées dans leur état naissant. Elles y trouvent plus de liberté et peuvent communiquer avec les contenus réprimés de l'inconscient qui commencent à émerger. De nombreuses civilisations connaissent ce type de prêtresse, voyante, médium qui sait “sentir le vent” et prédire le temps qu'il fera ou les événements futurs[27] ».

Cet aspect de la féminité est lié à ce que nous avons déjà dit à propos du besoin féminin d'imperfection et d'incomplétude. Même lorsqu'elles affrontent une analyse, les femmes ont généralement moins de difficulté que les hommes à accepter la fonction de l'inconscient et l'existence de l'irrationnel. Elles peuvent établir une relation avec les idées rejetées par le conscient collectif et avec les contenus créateurs nouveaux offerts par l'inconscient. Cependant elles courent le risque de ne pas cultiver assez la réflexion et la pensée critique.

Les deux contes présentent une situation dans laquelle le salut vient d'une figure féminine : c'est elle qui doit rendre leur forme humaine aux « *Animi*-oiseaux », c'est-à-dire à humaniser et réaliser de façon créative des possibilités spirituelles qui ont régressé dans l'inconscient en se séparant nettement de la pensée officielle et traditionnelle consciente. De cette façon, la femme devient une protagoniste des nouvelles possibilités de culture : les principes spirituels auxquels elle donnera une forme humaine seront capables de s'opposer d'une façon rénovatrice aux valeurs de la tradition.

Il est intéressant de constater que c'est justement le principe féminin négatif[28] qui engage le processus : il est probablement devenu négatif parce qu'il a été dévalué ou méconnu. Il s'agirait donc d'une négativité féminine potentiellement riche de développements futurs. Mais naturellement, pour faire opérer la dynamique inconsciente de façon positive, il faut un engagement conscient et responsable de la part du Moi. Nous voyons donc que dans les deux fables l'héroïne souffre et lutte courageusement et infatigablement pendant longtemps.

D'après Ida Magli, la femme n'est pas encore arrivée à proposer des significations culturelles véritablement nouvelles, autrement dit à modifier les structures symboliques fondamentales de la culture[29].

« Selon Lévi-Strauss, le dialogue entre l'homme et la femme est perdu pour toujours, mais il serait peut-être plus correct de dire qu'il n'y a jamais eu de dialogue ; l'homme a parlé seulement avec lui-même, dans la forêt des signes qu'il a créés, et de cette solitude il a tiré le sens de son existence. La femme, faite signe et parole, objectivée dans un "processus", n'a pas pu apprendre à parler, et il ne lui sert à rien aujourd'hui de revendiquer seulement le droit à la parole.

« Ce n'est qu'en créant à son tour des symboles que la femme pourrait faire tomber cette parole "puissante" qui agit et crée la culture. La construction d'objets symboliques permet, en fait, une illumination complète de l'expérience du monde dans toutes les significations qui proviennent de toutes les formes d'existence : fantastique, perceptive, personnelle, collective, consciente et inconsciente ; il ne semble donc pas qu'il ait été possible jusqu'à aujourd'hui à l'homme d'avoir une "connaissance" qui ne passe pas par des structures symboliques[30]. »

Pour revenir à nos contes, dans *Les Six Cygnes* l'héroïne, pour sauver ses frères, doit rester silencieuse pendant six ans et fabriquer des chemises de stellaires. Les chemises magiques, qui dissolvent l'envoûtement, s'opposent aux chemises ensorcelées de la belle-mère qui l'ont produit. Un vêtement représente la façon dont une personne apparaît, « comment » elle s'exprime et se manifeste. Il a donc à voir avec la façon d'agir et de se conduire dans le monde. Il semble que les *Animi* envoûtés par le principe maternel négatif aient besoin, pour être sauvés, que le Moi adopte une attitude différente, qui sache les voir et les « habiller » d'une façon nouvelle : cela se fait avec de l'amour, du travail et de la ténacité, dans un état d'introversion et de concentration profonde : la jeune fille est seule, elle ne peut parler avec personne, et se retire sur un arbre dans le bois.

Pour coudre les chemises l'héroïne doit utiliser des asters, qui sont des petites fleurs en forme d'étoile, comme l'indique leur nom [31]. Les étoiles symbolisent des constellations archétypiques, c'est-à-dire des germes de développement futur. Les fleurs sont en relation avec les sentiments : on les utilise pour exprimer des sentiments, à l'occasion d'une naissance, d'un mariage, d'une mort. Le fait d'utiliser des fleurs en forme d'étoile fait penser à la nécessité féminine de réaliser une constellation archétypique à travers le sentiment.

Le fait de monter sur l'arbre rappelle ce que l'on rencontre dans diverses croyances religieuses, selon lesquelles cela signifie se rapprocher du ciel pour établir un rapport avec les dieux et les esprits. Le chaman, dans son initiation, monte sur un arbre pour prendre contact avec l'au-delà, autrement dit avec l'autre monde, celui des processus inconscients. L'arbre a aussi une signification maternelle, c'est une matrice dans laquelle une renaissance spirituelle peut subvenir.

Le silence correspond à l'état d'incubation des rites d'initiation [32]. Il exprime la nécessité psychologique de maintenir le secret sur ce qui est en nous *in statu nascendi* et doit croître dans l'obscurité sans être troublé par des jugements et des opinions extérieures. Le silence protège le contenu de l'inconscient de l'incompréhension et des mauvaises interprétations de la conscience collective. Quiconque fait des travaux créatifs sait combien les jugements ou commentaires des autres peuvent être nocifs dans la phase délicate d'incubation, avant que la « nouvelle créature » ne voie le jour.

Le silence de la protagoniste la rend victime de la belle-mère maléfique : elle ne peut pas parler pour se défendre des calomnies. Elle doit mener une double vie, personne ne la comprend. Tout en vivant dans le monde, elle en est complètement isolée. Dans le travail analytique nous sommes constamment confrontés à cette nécessité de protéger le secret du processus à l'œuvre jusqu'à ce qu'advienne la transformation, même lorsque ce processus suscite des réactions négatives de la part de l'entourage. Sinon il peut arriver que la signification de ce qui a été constellé dans l'inconscient ne se vide et ne se perde. Il faut, de la part du patient et de l'analyste, une fidélité de sentiment envers la créature pas encore née, l'attention d'une mère qui sache aimer et nourrir ce que l'on ne voit pas.

Dans le conte, c'est justement grâce à sa ténacité héroïque que la protagoniste, qui garde le silence presque jusqu'à la mort, trouve son salut et que se produit la transformation. Le dernier frère conserve une aile de cygne, parce que sa chemise n'était pas terminée : cela représente le problème ouvert, l'élément qui ne pourra jamais être intégré, l'imperfection de la condition humaine, dans laquelle la complétude n'a rien de parfait. L'*Animus* garde un côté mystérieux, inexplicable, irréductible.

Dans *Les Sept Corbeaux*, l'initiation est représentée de façon différente : l'héroïne doit accomplir un long voyage loin de la terre, dans le ciel — que l'on pourrait rapprocher du long voyage de l'initiation chamanique. Le renversement des valeurs habituelles — le soleil devenant maléfique, ainsi que la lune, alors que les étoiles sont bénéfiques — correspond à la psychologie féminine : les puissances obscures de la nuit apportent le salut, alors que la lumière du soleil et même celle de la lune (c'est-à-dire de la conscience) brûle et détruit. Dans le conte, le soleil brûle les petits enfants, il représente donc une lumière de conscience qui devient destructrice pour la nouvelle vie qui se développe.

Le salut provient ici en particulier de Vénus, le principe de l'*Éros.* Cela est fondamental surtout chez la femme, dont certains problèmes ne peuvent être résolus qu'en adhérant totalement à son sentiment. Dans l'analyse, on observe souvent que, lorsqu'une femme apprend à écouter la voix de son sentiment, elle commence à se sentir mieux et à se libérer de l'état de possession par l'*Animus* négatif. De même le sacrifice du petit doigt est inspiré à l'héroïne par son sentiment pour ses frères ; il représente la souffrance nécessaire pour atteindre l'objectif.

Une de mes patientes, une jeune fille de vingt-quatre ans, était possédée par un *Animus* négatif, tyrannique et destructif. Elle croyait toujours et uniquement à ce que disaient de négatif sur elle tant son *Animus* intérieur que celui qu'elle projetait.

Son père, qui avait un faible pour sa cadette, n'avait jamais mis ma patiente en valeur et avait toujours découragé « dans l'œuf » ses initiatives et ses expressions créatrices. J'ai déjà mentionné le fait qu'elle avait cessé de jouer du piano parce que son père disait qu'elle n'avait pas de talent.

Lorsqu'elle commença son analyse, elle n'arrivait absolument pas à croire qu'elle pût avoir en elle quelque chose de positif, pas même à titre de possibilité future. Elle était toujours troublée et désorientée, et restait détachée même en face de ses rêves, car elle ne parvenait pas à accepter comme partie d'elle-même les images qui lui présentaient des valeurs positives. Elle me dit une fois : « Je ne me reconnais pas dans ces personnages. Je les vis comme quelque chose que je ne pourrai jamais être dans la réalité. » Elle éprouvait souvent de l'angoisse et un sentiment de culpabilité, et elle tremblait même physiquement, sans pouvoir se l'expliquer.

Chacun de ses intérêts réels et chaque projet de réalisation étaient immédiatement condamnés par l'*Animus* négatif, comme étant sans valeur. Si elle suivait des cours universitaires, l'*Animus* lui suggérait qu'elle le faisait non par intérêt réel, mais *seulement* pour rencontrer un jeune homme. De même, son besoin de vivre ses sentiments se voyait méprisé et était utilisé par son *Animus* diabolique pour nier ses intérêts et ses possibilités de réalisation. Par conséquent, ses sentiments refusés se manifestaient par vagues d'émotion violentes, primitives et incontrôlées, qui paralysaient toute spontanéité et toute possibilité de s'exprimer dans une vie relationnelle.

Une brève période d'analyse freudienne qu'elle avait faite avant l'avait seulement désorientée un peu plus, car dans le transfert l'analyste était devenu le porteur de l'*Animus* négatif et tyrannique, au pouvoir duquel elle ne parvenait pas à se soustraire. Elle me dit qu'avec sa dialectique et sa logique inattaquable l'analyste avait réduit sa personnalité à néant. Ainsi elle s'était sentie obligée de se montrer capable d'avoir une vie sexuelle, mais elle devait boire chaque fois qu'elle avait des rapports sexuels avec quelqu'un.

Même dans ses rêves, l'analyste freudien représentait l'*Animus* négatif, qui essayait toujours de dévaluer et de réduire à néant tout ce qu'elle pensait et faisait, y compris l'analyse avec moi. Mais elle eut finalement un rêve où elle lui téléphonait pour lui dire que pour le moment elle ne voulait pas le voir parce qu'elle devait d'abord analyser ce qui s'était passé entre eux.

Deux semaines plus tard apparut pour la première fois dans un rêve une image d'*Animus* positif : « Je vivais et je jouais un conte sur une île, où il y avait aussi ma mère et d'autres personnes, et nous étions tous heureux. Mais nous étions prisonniers sur cette île. Je ne me rappelle plus ce qui s'est passé, mais seulement la "fin heureuse", qui était notre libération : à un certain moment apparut un homme jeune, blond et beau. Il semblait fort et enthousiaste, plein d'espérance juvénile. Ses yeux souriaient et nous communiquaient un sentiment de sécurité. Avec sa force prodigieuse, il déracina l'arbre de l'île de sorte que celle-ci vola en éclats, et nous nous trouvâmes libres dans l'océan. Ma mère et moi nagions dans cette mer immense et agitée, mais non tempétueuse, qui semblait nous pousser vers le large. Mais je m'aperçus qu'il était facile de rejoindre la rive et j'enseignai à ma mère comment faire. »

La patiente dessina la scène de son rêve : l'arbre était un tronc d'arbre coupé, sans feuilles ni branches. Un arbre mort, probablement le symbole de la mère et de son rapport infantile avec elle, dont les fonctions étaient désormais épuisées. Jusqu'alors la patiente était inconsciemment restée prisonnière du paradis de l'enfance[33], dans le tissu irréel et féerique des illusions et des fantasmes de réalisation de désir des premières années de la vie, lorsqu'elle était encore heureuse, avant que la naissance de sa sœur et d'autres événements traumatisants arrivés dans sa famille ne la précipitent dans une réalité brutale de souffrance, d'incompréhension et de « trahison » de la part de ses parents.

L'emprisonnement avec sa mère sur l'île, qui est maintenue par un arbre mort, indique que la patiente est encore complètement « dans la mère » : on pourrait dire que psychologiquement elle n'est pas encore née à une vie autonome. Il s'agit de la totalité naturelle de l'inconscience infantile, sans aucun développement de la conscience. Nous avons vu que Neumann parle de l'auto-identification primaire de la fille dans le cadre de son rapport originel avec sa mère[34].

Dans cette situation de psychologie matriarcale, le féminin vit le masculin comme l'ennemi, le ravisseur qui violente : c'est ainsi que Déméter comme Coré expérimentent Hadès. La patiente vivait cette situation de stérilité psychologique face au masculin qui empêchait la *coniunctio*, autrement dit la rencontre transformante, avec les symptômes décrits par Neumann (frigidité, rapport sado-masochiste).

Mais là, pour la première fois, l'*Animus* positif apparut pour arracher l'arbre mort du rapport symbiotique avec la mère, pour détruire l'île féerique et irréelle du paradis infantile, et libérer la patiente à travers le voyage dans l'inconscient, vers la terre de la réalité et de la vie.

L'apparition de cet *Animus* positif indique le début de la réflexion et de la pensée critique vers la formation d'une personnalité « libérée », c'est-à-dire indépendante du monde des parents. C'est l'*Animus* en relation positive avec la féminité, qui pourra renforcer le Moi de la patiente.

J'ai essayé, avec cette série d'images et d'événements typiques des relations entre le Moi féminin et l'*Animus*, d'éclaircir certains des processus et mécanismes fondamentaux de la masculinité dans la psyché féminine. Aujourd'hui la femme a besoin de devenir toujours plus consciente des énergies et des contenus de l'*Animus* pour se différencier des modèles culturels de notre civilisation patriarcale et devenir un sujet capable de se réaliser de façon active et créatrice.

GLOSSAIRE

ANIMA — Composante féminine inconsciente de l'homme, qui dans les rêves apparaît personnifiée par des images de femmes. Ensemble des tendances et des traits féminins refoulés dans l'homme. Aucun homme n'est masculin au point de n'avoir en lui rien de féminin, mais la structuration d'une identité masculine consciente requiert le refoulement dans l'inconscient des caractéristiques féminines minoritaires de sa personnalité. Pour le Moi masculin, l'*Anima* représente le non-Moi, ou le Toi féminin intérieur, contrepartie complémentaire et compensatoire de l'autre sexe (voir *Compensation*) — bref, l'image intérieure de la femme que l'homme porte en lui.

Jung établit un parallélisme entre psyché et soma, sur la base de la donnée biologique qu'une minorité de gènes de l'autre sexe est présente dans l'homme comme dans la femme. L'*Anima* est forcément différente et séparée du Moi masculin, à cause de ses qualités féminines. C'est pourquoi elle tend à se soustraire au contrôle de la conscience et est relativement autonome par rapport aux intentions et aux orientations du Moi. L'autonomie de l'*Anima* fait que la conscience la remarque comme une sorte de personnalité mineure indépendante, ayant une vie et ses activités propres.

Le caractère de l'*Anima* d'un homme est conditionné par la figure maternelle en ce que la mère représente pour son fils la première incarnation de l'*Anima,* qui se modèle sur elle d'abord et dont les connotations dépendent de sa personnalité.

L'*Anima* produit chez l'homme ses états d'âme, ses fantasmes, ses humeurs, ses émotions, ses sentiments, ses inspirations, ses intuitions, et l'introspection subjective. L'*Anima* donne à la conscience masculine la possibilité d'établir des relations affectives et amoureuses.

ANIMUS — Composante masculine inconsciente de la femme, qui apparaît personnifiée dans les rêves par des images d'hommes. Ensemble des tendances et des traits masculins refoulés de la femme. L'*Animus* de la femme correspond à l'*Anima* de l'homme en tant que contrepartie inconsciente de l'autre sexe (voir *Anima*). Naturellement, de même que le caractère de l'*Anima* de l'homme est conditionné par la personnalité de sa mère, le caractère de l'*Animus* de la femme est conditionné par la personnalité de son père.

Le père est le premier porteur de l'image de l'*Animus,* qui tire de lui sa substance et sa forme réelle ; ainsi la petite fille peut commencer à définir d'une façon concrète, dans la confrontation et la relation avec la personne réelle de son père, le champ d'action du *Logos* (voir *Logos*), les valeurs et les droits de l'esprit et les modalités des réalisations qui en résultent.

A cause du développement patriarcal de notre civilisation occidentale, la femme tend à attribuer à tout ce qui est masculin une valeur plus grande qu'à ce qui est féminin : cette attitude contient le risque de conférer trop de pouvoir à l'*Animus.* Ce dernier produit dans la femme les opinions, les jugements, les besoins de réflexion critique, de rationalité et de connaissance, de recherche de vérités « objectives », de valeurs spirituelles, la capacité de décision et de choix : en somme il lui permet de savoir ce qu'elle veut réaliser et de faire le nécessaire pour l'obtenir.

ARCHÉTYPE — « Le concept d'archétype [...] dérive de l'observation récurrente que, par exemple, les mythes et les contes de fées de la littérature mondiale contiennent certains motifs qui se répètent partout. Nous rencontrons les mêmes motifs dans les fantasmes, les rêves, les délires et les hallucinations des hommes d'aujourd'hui. J'ai appelé ces images et associations typiques "représentations archétypiques". Plus elles sont intenses et plus elles sont caractérisées par une tonalité affective particulièrement forte. Cette accentuation leur confère un dynamisme particulier au sein de notre vie psychique. Elles nous impressionnent, nous influencent, nous fascinent.

« Elles prennent leur origine dans l'archétype qui, en lui-même, est quelque chose de préexistant, qui semble appartenir à la structure héréditaire de la psyché et peut donc se manifester spontanément n'importe où, à n'importe quel moment[1]. »

L'archétype ne peut jamais être perçu en soi, car il n'est qu'une *possibilité* de représentation qui trouve son expression manifeste dans l'*image* archétypique. Les dieux de toutes les religions et les personnages des mythes et des contes, tout comme les symboles oniriques caractérisés par cette tonalité affective « numineuse » qui les distingue nettement des images de l'inconscient personnel (voir *Numineux*) sont des images archétypiques. Les archétypes sont des motifs de représentation correspondant à certains comportements fondamentaux et instinctifs de la nature humaine, qui sont les mêmes partout et chez tous.

Tout type de dynamisme instinctif a une image archétypique correspondante que nous pouvons voir représentée par une divinité déterminée de la mythologie. Chaque divinité correspond à un champ instinctuel particulier : par exemple Arès (Mars) représente les instincts d'agressivité et d'autodéfense qui se trouvent aussi fondamentalement dans la vie animale ; Aphrodite (Vénus) incarne le champ de la sexualité, de l'amour physique ; Zeus (Jupiter) exprime l'autorité paternelle qui juge et punit ; dans toutes les religions la Grande Mère représente le champ de la maternité.

Chaque divinité a sa fonction, règle un champ déterminé de la vie, exige de l'homme le respect de certaines règles de comportement. Nous pouvons donc dire que chaque image archétypique exprime une certaine loi fondamentale de la vie, qu'elle transmet et communique à l'homme. C'est pourquoi les contes attirent l'enfant comme un charme puissant et mystérieux : ils lui montrent, au niveau inconscient, les diverses possibilités de la vie et ses moments typiques qui reviennent toujours. Du reste, l'affirmation selon laquelle les symboles des contes concourent à structurer le Moi de l'enfant semble confirmée par le fait que déjà dans l'Antiquité grecque, le conte faisait partie de l'éducation des enfants.

Il est indubitable que les contes offrent des règles de comportement dans les diverses situations de la vie. Ils présentent les processus de l'inconscient collectif à l'état pur, non contaminé par des éléments de l'inconscient personnel : c'est pourquoi ils révèlent des modèles de comportement fondamentaux de la psyché collective[2].

Neumann étudie les archétypes dans un contexte historico-évolutif ; en d'autres termes, il soutient que, s'il est vrai que les archétypes sont atemporels et donc éternels comme les dieux, « il existe aussi un devenir des dieux, un destin des dieux et donc une “biographie”[3] ». Le développement de la conscience montre, tant du point de vue phylogénétique qu'ontogénétique, « cet aspect évolutif de l'éternel[4] », que l'on peut reconnaître aussi bien dans le devenir biographique de l'enfant (ontogénétique) que dans l'histoire du développement spirituel de l'humanité (phylogénétique). (Voir *Inconscient personnel et inconscient collectif.*)

COMPENSATION — « Nous savons toutefois que l'inconscient n'est jamais en repos. Il semble perpétuellement en activité, au travail, et même quand nous dormons, nous rêvons encore. Dans la vie quotidienne, il ne se passe pas un seul jour sans que nous ne commettions tel ou tel lapsus, sans que tel ou tel mot, qui, à d'autres moments, nous est familier, ne fuie notre mémoire, sans que telle ou telle humeur, dont la cause nous échappe, ne s'empare de nous. Ce sont là les symptômes d'une activité inconsciente, qui tisse sa trame de façon permanente et cohérente, se manifestant directement la nuit, ne perçant de jour la rigidité contraignante qui caractérise le conscient qu'en des points de moindre résistance et à l'occasion de circonstances favorables[5]. » Jung soutient que « les processus inconscients se situent dans une position de compensation par rapport au conscient[6] ».

Ce qui signifie que l'activité de l'inconscient tend à exercer une fonction compensatrice, c'est-à-dire à effectuer une « équilibration fonctionnelle » de l'attitude consciente, qui a nécessairement une attitude un peu unilatérale. « L'activité de la conscience est essentiellement sélective. Or la sélection demande toujours une *direction* déterminée, qui de son côté exige *l'exclusion de tout ce qui ne convient pas*[7]. » Les contenus exclus de la conscience tombent dans l'inconscient, sans perdre pour autant leur charge énergétique : ils en viennent donc à constituer une sorte de « contrepoids à l'orientation consciente qui grandit avec l'augmentation de l'unilatéralité consciencielle et finit par susciter une tension de plus en plus perceptible [...]. Plus est grande l'unilatéralité de l'attitude consciente, plus les contenus issus de l'inconscient se dressent contre elle, si bien qu'on peut parler d'un véritable contraste entre le conscient et l'inconscient. Dans ce cas, la compensation se manifeste sous forme de fonction contrastante. C'est un cas extrême[8] ».

En effet, dans les névroses, nous assistons au phénomène d'une compensation inconsciente qui ne peut plus exercer sa fonction autorégulatrice de la psyché — tendant à rétablir l'équilibre entre les diverses composantes de la personnalité —, à cause du contraste excessif entre l'orientation du Moi et les contenus de l'inconscient. Dans les conditions normales, l'inconscient exerce une action régulatrice sur l'activité de la conscience, l'équilibrant ou la complétant, pour améliorer ou compléter l'adaptation à la vie.

COMPLEXE — C'est un ensemble de contenus psychiques inconscients, liés et coordonnés par une même tonalité affective suffisamment élevée. Le complexe est dit « autonome » parce qu'il mène une vie autonome par rapport à la volonté et aux intentions du Moi (voir *Moi*) ; il se comporte pour ainsi dire comme une personnalité partielle séparée, dotée de tendances et d'intentions propres, qui peuvent troubler ou entraver les intentions conscientes.

Le complexe est lié aux réactions physiologiques de l'organisme, il a des racines dans le corps et peut se manifester dans des symptômes physiques tels que l'altération du rythme cardiaque, des processus intestinaux, de la respiration, etc. C'est une espèce de « point névralgique », un « centre de perturbation fonctionnelle qui, dans certaines circonstances externes et internes, devient virulent, capable de s'emparer de tout l'équilibre psychique, de bouleverser et de mettre sous son emprise l'individu tout entier[9] ».

Tout le monde a des complexes — en d'autres termes, en chacun de nous on peut trouver « quelque désunion, quelque chose de non assimilé, de conflictuel, un obstacle peut-être, mais aussi une impulsion [...]. Les complexes sont vraiment des foyers ou des nœuds de la vie psychique dont on ne voudrait guère être privé, plus encore : qui ne doivent jamais faire défaut parce que, sans eux, l'activité de l'esprit en arriverait à un arrêt total. Mais ils expriment ce qu'il y a d'inaccompli dans l'individu [...] donc indubitablement le *point faible*, dans tous les sens possibles du terme[10] ».

Chaque fois qu'un complexe est activé en nous, nous devons constater que nous ne sommes pas du tout « maîtres dans notre maison » comme il nous plairait de le croire, c'est-à-dire que nous ne pouvons pas toujours, et quoi qu'il en soit, réaliser ce que nous voulons, selon nos intentions conscientes. Le complexe soustrait de l'énergie à la conscience et l'individu « possédé » par un complexe tombe d'un état conscient actif dans un état relativement passif et inconscient.

CONIUNCTIO — Le terme de *coniunctio* désignait, pour les anciens alchimistes, la synthèse chimique de deux éléments : l'analogie avec le rapport érotique entre deux êtres humains est évidente dans ce terme et dans d'autres synonymes récurrents dans les textes alchimiques *(Nuptiae, matrimonium, coniugium)*, et dans les noms donnés aux deux éléments (*agens* et *patiens*, *vir* et *femina*, etc.).

Le mythologème de la *coniunctio* exprime l'archétype de l'unification des opposés, qui a une position de première importance dans le développement spirituel de l'homme : il existe tant dans le christianisme comme union du Christ avec l'Eglise *(sponsus* et *sponsa)*, que dans les religions païennes comme *hierós gamos* (noces sacrées) des mythes de renaissance et de transformation et des anciens mystères. A travers la *coniunctio* du masculin et du féminin se réalise la « naissance du fils », c'est-à-dire du symbole unificateur, qui correspond à une transformation évolutive de la personnalité entière.

ÉROS — Principe de la conscience féminine, monde des valeurs et des intérêts subjectifs ; principe de relation, d'union, qui s'intéresse à ce qui est personnel (et non, comme le *Logos*[11], à ce qui est général), à ce qui est subjectif (et non à ce qui est objectif), à ce qui est proche (et non à ce qui est éloigné), à l'analyse (et non à la synthèse), à ce qui est psychologique (et non à ce qui est logique).

L'*Éros* s'exprime à travers l'intérêt pour les personnes et ce qui est personnel, il a comme champ de manifestation les relations d'affection et d'amour, il a comme caractéristiques la dimension psychologique, subjective, le sentiment orienté de façon personnelle, les capacités d'intuition, d'inspiration, d'introspection, d'analyse. L'*Éros* rapproche, établit les rapports humains, unit, lie. Il agit par amour pour une personne (ou plus d'une personne).

C'est pourquoi il contient un risque de dépendance, dans son aspect d'incapacité à vivre sans l'autre, de se réaliser sans un Toi. L'*Éros* vit de personnes et de relations ; il a besoin d'objets vivants, de références permanentes au Toi et au Nous, pour vivre et fonctionner.

ESPRIT — Est « le dynamique qui, conforme à sa nature primitive de vent[12], est toujours l'essence active, ailée et agitée, qui vivifie, stimule, excite, enflamme et inspire[13] ». Il est donc l'opposé de la matière, statique et inerte. « A l'être spirituel appartient en premier lieu un principe spontané de mouvement et d'activité, en second lieu la propriété de la libre création des images au-delà de la perception des sens, en troisième lieu la manipulation autonome et souveraine des images[14]. »

L'homme « n'a pas créé l'esprit, mais celui-ci fait que l'homme crée ; il lui donne l'impulsion et l'idée heureuse, la persévérance, l'enthousiasme et l'inspiration[15] ». L'esprit est un phénomène psychique de caractère archétypique, qui tire donc son origine d'une structure originelle et universellement présente dans la nature humaine. En général, l'esprit apparaît dans les mythes, les contes de fées et les rêves comme le vieux (sage ou maléfique), le magicien, le sorcier, le médecin, le prêtre, le maître, de toute façon la personne dotée d'autorité et d'un savoir supérieur, qui se présente comme guide dans les situations critiques.

Naturellement, le mot esprit n'est pas ici pris dans son acception hégélienne, qui, comme Hegel le précise, signifie *Logos* ou Raison (voir *Logos*).

FONCTION TRANSCENDANTE — Mécanisme psychique qui *transcende* le couple d'opposés constitué par des tendances conscientes et inconscientes incompatibles, effectuant le passage d'une attitude à une autre : de cette façon l'opposition n'est pas niée, mais surmontée dans une nouvelle synthèse, imprévisible pour le Moi.

La *fonction transcendante* est la capacité dynamique de la psyché de transformer et de guider une personne, bloquée dans une situation apparemment sans issue, vers une nouvelle situation. Elle « se situe entre la conscience et l'inconscient et est une espèce de courant vital, ou d'événement, qui est l'expression autant de la conscience que de l'inconscient[16] ». La confrontation entre des thèses et des affects opposés crée « une tension chargée d'énergie qui produit quelque chose de vivant — une naissance vive qui introduit un nouveau stade de l'être, une nouvelle situation[17] ».

Quand la vie est bloquée et arrive à un point mort, la *fonction transcendante* produit des rêves et des fantasmes qui tendent à débloquer la situation et à « guérir » l'individu, « en édifiant à un niveau symbolique un nouveau mode de vie qui prend forme par la suite et mène à une situation nouvelle[18] ». La *fonction transcendante* constitue un mode de fonctionnement du *Soi* (voir *Soi*).

GRANDE MÈRE — En tant que déesse des religions matriarcales et qu'image archétypique dans l'inconscient de l'homme moderne, la Grande Mère contient autant la mère bonne, dispensatrice de vie, de nourriture et de bonheur, la terre féconde et le sein qui donne la vie, que la mère mauvaise, létale et terrifiante, qui castre, dévore, tue le fils. La Grande Mère est la force primordiale de la nature, qui se manifeste en donnant ou en enlevant la vie, la Terre Mère d'où tout naît et où tout finit : les morts retournent dans le sein de la terre. L'homme primitif et l'enfant — chez lesquels la conscience du Moi est encore limitée et faible, dépendante du pouvoir obscur du monde et de l'inconscient — expérimentent l'existence comme un danger permanent.

« Dans l'espace extérieur et psychique du primitif la vie est pleine d'insécurité et d'incertitudes, et le pouvoir excessif, démoniaque de ce que nous appelons le monde extérieur, avec la maladie, la mort, la faim, les inondations, la sécheresse, les tremblements de terre, est infiniment accru par sa fusion avec ce que nous appelons monde intérieur. La nature déjà terrifiante d'un monde dans lequel les attaques se produisent de façon fortuite et irrationnelle, qui n'offre même pas la consolation de la connaissance d'une loi qui le gouverne, devient encore plus sinistre du fait de la présence d'esprits des morts, de spectres, démons, dieux, sorciers et sorcières ; il émane de ces êtres des influences invisibles dont la réalité se manifeste sous forme d'angoisses, d'états d'excitation, de furies orgiastiques et d'épidémies psychiques de masse, dans les explosions périodiques des instincts, des impulsions homicides, visions, rêves et hallucinations. [...]

« L'enfant aussi a ce sentiment de l'imprévisibilité du monde, car il n'est pas encore en mesure de s'orienter avec sa conscience et de connaître le monde, il se trouve face à chaque événement comme face à l'irruption de quelque chose de nouveau et il est exposé à toutes les humeurs du monde et des hommes. Nous retrouvons en lui aussi la peur de l'homme primitif, suscitée par un monde extérieur contaminé par la réalité intérieure et rendu sinistre par les projections [...]. C'est pourquoi l'angoisse est un phénomène normal de la psychologie infantile[19]. »

La phase initiale du développement de la conscience est gouvernée par l'image de la Déesse Mère, en tant qu'inconscient excessivement puissant et nature imprévisible du monde extérieur, dont dépendent l'enfant et l'homme primitif sans défense.

« La Grande Mère contient et renferme l'existence de l'enfant tant dans la vie que dans la mort[20]. » Comme le dit Bachofen, « la mère existe avant le fils. La féminité est au premier plan [...]. La femme est la donnée stable, l'homme devient. Au commencement était la terre, la matière maternelle fondamentale [...]. La première apparition de la force masculine sur la terre se produit sous la forme du fils [...]. L'homme paraît comme créature, non comme procréateur ; comme effet et non comme cause.

L'inverse vaut pour la mère : elle existe avant la créature, elle se présente comme cause, comme première dispensatrice de vie, et non comme effet. Son existence est reconnue en soi, non à partir de la créature. Bref, la femme existe avant tout comme mère, l'homme comme fils[21]. »

Le développement de la conscience masculine dans le patriarcat comporte une régression et un affaiblissement de l'image de la Grande Mère. La conscience égotique devient toujours plus forte, autonome et indépendante de l'inconscient et des forces de la nature, et réussit toujours mieux à tenir l'un et les autres sous contrôle.

Identification — L'identification est un processus d'imitation inconsciente, à travers laquelle le sujet devient étranger à lui-même, adoptant les façons et les comportements d'une autre personne. Dans une certaine mesure on peut considérer l'identification avec les parents ou la famille proche comme un phénomène normal dans l'enfance et l'adolescence, qui contribue à la structuration de la personnalité et au processus d'adaptation à la réalité à travers des modèles d'identification assez valables. « Toute identification à qui que ce soit s'accomplit toujours de la même façon : son but est invariablement d'obtenir quelque avantage et de surmonter quelque obstacle ou de résoudre quelque problème à la manière d'autrui[22]. »

Identité — C'est un état d'égalité inconsciente, d'absence de distinction psychique entre sujet et objet. L'état d'identité est caractéristique de la mentalité primitive et de la condition psychique de la prime enfance. Il s'agit d'un état d'égalité inconsciente avec les objets, qui est primaire, c'est-à-dire donné *a priori* et qui n'a jamais affleuré à la conscience. Même dans l'inconscient de l'homme adulte civilisé nous rencontrons ce phénomène de l'identité.

« C'est sur l'identité que se fonde le préjugé naïf que la psychologie de l'un est semblable à celle de l'autre, que les mêmes motifs ont partout la même valeur, que ce qui m'est agréable l'est nécessairement aussi à autrui, que ce que je considère comme immoral l'est forcément pour les autres. De l'identité vient en outre la tendance si répandue à vouloir corriger chez ses semblables les défauts que l'on devrait commencer par corriger chez soi ; sur elle enfin repose la possibilité de la suggestion et de contagion psychique[23]. »

Imagination active — Méthode introduite par Jung dans le travail analytique comme instrument de confrontation entre le Moi et l'inconscient : le Moi se place face aux images de l'inconscient, interrogeant et enregistrant les « réponses » qui émergent avec le même sérieux et la même objectivité que s'il avait affaire à des personnes ou des choses du monde extérieur. Jung définit l'imagination active comme une sorte de « psychose induite artificiellement », dans le sens qu'elle comporte une dissociation volontaire entre le Moi et l'inconscient, afin que se réalise la confrontation directe entre les deux composantes de la psyché.

Il existe divers types d'imagination active, selon la forme sous laquelle se manifestent les contenus de l'inconscient. L'imagination active de type visuel consiste en fantaisies visuelles auxquelles le Moi participe activement, avec son propre point de vue et ses propres exigences. L'imagination active de type auditif consiste en réponses verbales aux questions du Moi. Le dessin, la peinture ou la sculpture représentent une modalité particulière d'application de l'imagination active visuelle, pourvu qu'il ne s'agisse pas d'une forme expressive conçue à l'avance par le Moi, mais de quelque chose de complètement spontané.

L'écriture dite « automatique », c'est-à-dire non dirigée par le Moi, représente un aspect particulier de l'imagination auditive, si nous entendons par « imagination auditive » ce phénomène de l'émergence de contenus inconscients sous une forme verbale.

Inconscient personnel et inconscient collectif — *L'inconscient personnel* comprend toutes les acquisitions de l'existence personnelle, depuis la naissance de l'individu, dont le rapport avec le Moi n'est pas perceptible, raison pour laquelle le Moi en ignore l'existence. Il s'agit de « ce que nous oublions, ce que nous refoulons, perceptions, pensées et sentiments subliminaux[24] ». « Tout ce que je sais, mais à quoi je ne pense pas momentanément ; tout ce dont je fus conscient autrefois, mais qui est maintenant oublié ; tout ce qui est perçu par mes sens, mais à quoi mon conscient ne fait pas attention ; tout ce que je sens, pense, me rappelle, veux et fais sans dessein et sans attention, c'est-à-dire inconsciemment ; tout ce qui est futur, qui se prépare en moi et ne viendra que plus tard à la conscience[25]. » « Plus un contenu conscient perd de sa valeur, plus il disparaît facilement au-dessous du seuil. C'est pourquoi l'inconscient renferme tous les souvenirs perdus, en plus des contenus qui sont encore trop faibles pour pouvoir accéder à la conscience... A ces contenus viennent encore s'ajouter tous les refoulements plus au moins intentionnels de représentations et impressions pénibles[26]. » L'*inconscient collectif* comprend les contenus « qui ne sont pas personnellement acquis ; ils proviennent des possibilités congénitales de fonctionnement du psychique en général [...]. Ce sont les connexions mythologiques des motifs et des images qui se renouvellent partout et sans cesse, sans qu'il y ait tradition ni migration historique. Je désigne ces contenus en disant qu'ils sont *inconscients collectifs*[27]. »

Ces contenus de l'inconscient collectif « ne sont pas individuels, autrement dit ne sont pas de ceux qui ne se présentent guère plus d'une fois, ils sont au contraire généraux et régulièrement répandus[28] ». L'inconscient collectif « exprime quelque chose comme une condition ou base de la psyché, partout présente et largement identique à elle-même. Cette affirmation ne représente naturellement là qu'une hypothèse. On y est amené par [...] des matériaux empiriques, sans compter qu'il est hautement vraisemblable que la similitude générale des processus psychiques chez tous les individus a pour base une régularité également générale et donc impersonnelle, tout comme l'instinct qui se manifeste dans l'individu n'est qu'une apparition partielle d'un fondement instinctuel général[29] ».

L'inconscient collectif se manifeste dans des images *archétypiques*, donc des images de caractère archaïque, primordial et de valeur non personnelle, mais collective, autrement dit génériquement humaine. L'image archétypique est « une forme fondamentale typique d'une certaine expérience psychique continuellement répétée[30] » (voir *Archétype*).

INDIVIDUATION — L'individuation est le processus de développement psychologique de l'individu en tant qu'être distinct des valeurs collectives, c'est-à-dire des valeurs de la pensée traditionnelle et « officielle » qui sont universellement acceptées de façon passive et sans esprit critique.

« L'individuation est donc un *processus de différenciation* qui a pour but de développer la personnalité individuelle[31]. » La nécessité de l'individuation est une nécessité naturelle, qui ne porte pas à l'isolement de la société ou du groupe, ni à l'individualisme, dans la mesure où chaque individu a besoin d'avoir des rapports humains et d'être inséré dans la société à laquelle il appartient, mais elle détermine une capacité plus ample et plus authentique de relation et de socialisation. La différenciation par rapport au collectif qu'entraîne le processus d'individuation signifie le développement de ces tendances particulières qui existent naturellement dans l'individu dès la naissance.

L'orientation individuelle n'est pas *opposée* aux normes collectives, mais seulement *différente*. La personne qui suit la voie de l'individuation a besoin de s'orienter dans le cadre d'une société, avec les normes collectives de laquelle elle ne se trouve plus dans un état d'identité inconsciente[32], car elle est arrivée à en apprécier consciemment la valeur de cohésion entre les individus, qui représente une nécessité vitale.

« L'individuation coïncide avec le processus de développement du conscient sortant de son état primitif d'identité.

L'individuation est donc l'élargissement de la sphère du conscient et de la vie psychologique consciente[33]. »

KARMA — Signifie, en sanskrit, « action ». D'après la conception orientale de la réincarnation, les actions humaines n'ont pas seulement un effet naturel dans la vie d'une personne, elles en ont aussi un surnaturel, qui se manifeste dans la vie suivante : il s'agit d'une espèce de rétribution sur la base des actions accomplies dans la vie précédente. La condition d'une personne, son sexe et son destin sont déterminés par des actions de sa vie antérieure, en vertu d'une loi universelle de causes et d'effets. Le karma consiste donc en une sorte d'hérédité, fondée sur la croyance qu'il existe des résidus psychiques de vies précédentes.

D'après Jung, il est possible d'accepter avec prudence l'idée de karma, compris uniquement comme *hérédité psychique* dans le sens le plus large de l'expression, c'est-à-dire archétypique (voir *Archétype*). Il s'agit d'un problème qui s'étend à travers la vie d'une famille, ou d'une lignée, ou d'un peuple, et qu'une personne peut néanmoins éprouver à son niveau individuel et ressentir le besoin de résoudre à ce niveau. Il est notoire que les problèmes non résolus des parents « retombent » sur leurs enfants.

LIBIDO — Par *libido* on entend l'énergie psychique, c'est-à-dire l'intérêt, le désir, l'élan vital. L'énergie psychique est l'intensité du processus psychique, qui se manifeste par certains effets et certaines « prestations » de la psyché.

LOGOS — Principe de la conscience masculine, monde des valeurs et des intérêts objectifs : principe de *vérité*, donc de discrimination, de recherche cognitive, de réflexion et d'exploration scientifique. Le *Logos* s'exprime à travers l'intérêt pour les objets et pour les idées, il a comme champ de manifestation les faits et les intérêts objectifs, et comme caractéristiques la logique, la capacité de généralisation et d'objectivité rationnelle, de théorisation, d'abstraction, de synthèse. Le *Logos* divise, distingue, discrimine. Il agit par amour d'une idée, ou d'une chose.

Etant donné que le *Logos* vit et se nourrit d'objets et d'idées, il reste, de par sa nature même, indépendant des personnes et des liens avec elles. Comme le dit Jung, « l'amour pour les choses est une prérogative masculine ».

MOI — Centre du champ de la conscience ; sujet de tous les actes volontaires conscients, doté d'un degré élevé de continuité et d'identité avec lui-même. La stabilité du Moi, en tant que sujet non discontinu d'activités conscientes dirigées, se structure précocement dans la différenciation par rapport au non-Moi, qu'il s'agisse de l'inconscient ou du monde extérieur.

Le Moi tend à se consolider toujours plus comme conscience de soi et centre subjectif de la personnalité pour constituer une entité autonome et indépendante dotée de volonté, d'activité et de décision, capable de se maintenir toute seule, de s'orienter dans le monde et de s'adapter à la réalité.

NUMINEUX — Terme forgé par Rudolf Otto[34] et repris par Jung pour indiquer cette qualité dont l'homme n'a jamais fait l'expérience sans une forte émotion, qui n'appartient qu'à la divinité et qui peut être décrite comme « l'indicible, mystérieux, terrifiant, tout autre[35] ». Le numineux qualifie donc la perception que le Moi a du Soi lorsqu'il parvient à en faire l'expérience[36] (voir *Soi*).

OMBRE — Côté obscur présent en chacun de nous, partie intérieure inconsciente de la personnalité. L'*Ombre* est constituée par les dispositions, tendances et traits psychiques qui sont refoulés de la conscience du fait de leur incompatibilité avec l'orientation de la conscience et qui forment dans l'inconscient une personnalité partielle relativement autonome, compensatrice de l'attitude du Moi. L'*Ombre* apparaît dans les rêves comme une image du même sexe que le rêveur et peut manifester son « obscurité » dans des figures à la peau sombre (Noir, Indien, etc.) ou à travers des caractères primitifs, vulgaires, asociaux. L'*Ombre* est plus primitive que le Moi et plus près du monde des instincts. Le Moi la ressent comme quelque chose de désagréable, de dégoûtant, de répugnant, de coupable, car elle contient tout ce que le sujet refuse de reconnaître en lui. Toutefois, « l'être humain inconscient, l'ombre, ne se compose pas seulement de tendances moralement répréhensibles, mais elle montre aussi un certain nombre de dualités positives, c'est-à-dire d'instincts normaux, de réactions dirigées vers un but, de perceptions conformes à la réalité, d'impulsions créatrices et de bien d'autres choses encore[37] ». C'est pourquoi on peut parler aussi d'« *Ombre* positive », entendant par là une ou plusieurs potentialités qui, si elles étaient intégrées au Moi, permettraient de le renforcer et de l'enrichir. L'*Ombre* contient aussi en fait des valeurs individuelles, qui sont refusées par le Moi parce qu'elles sont gênantes et entrent en conflit avec l'adaptation réalisée par la conscience.

Ouroboros — La situation psychique originelle, avant la formation du Moi, est caractérisée par un état de fusion, dans lequel le Moi n'est pas encore séparé de l'inconscient (voir *Moi*). Au début de chaque développement de la conscience, au plan phylogénétique ou ontogénique, nous trouvons cet état d'unité psychique originelle, représenté par le symbole de l'Ouroboros, le serpent qui se mord la queue, en se refermant sur lui-même.

Ouroboros signifie, littéralement, « qui se mange la queue », et est l'unité primordiale psychique indifférenciée, qui contient les opposés, l'actif et le passif, le masculin et le féminin, le père et la mère, qui tire sa nourriture de sa propre corruption et qui est en même temps fécondant et dévorant, pénétrant et réceptif, doté de la possibilité paternelle d'engendrer et de celle, maternelle, d'accoucher : la queue de l'Ouroboros féconde sa bouche qui, en même temps, la dévore. Cela correspond au « temps de l'existence dans le paradis terrestre, où l'âme a sa demeure préterrestre, au temps antérieur à la naissance du Moi, le temps du refuge et de la protection inconsciente, le temps dans lequel on nage dans l'océan des non-nés[38] ».

« La condition de l'être contenu dans la totalité, sans responsabilité et sans fatigue, sans le doute et sans la dissociation du monde, est justement paradisiaque, et dans la vie adulte cette condition ne pourra plus jamais se réaliser de nouveau dans sa félicité et son intensité originelles[39]. » Au début du développement de la conscience la prépondérance de l'inconscient — qui se représente comme « le maternel » — « est telle qu'il n'est pas encore possible de parler de séparation entre mère et enfant, entre inconscient et Moi. Dans un certain sens l'enfant n'est pas encore né et est encore contenu dans l'Ouroboros maternel. Cette situation se manifeste au niveau personnel dans l'union de l'enfant avec la mère, et en général dans le fait qu'on est contenu dans le pouvoir maternel protecteur et dominateur du groupe, du clan ou de la famille qui déterminent largement l'action ou le renoncement[40] ».

A partir de ce premier stade de l'Ouroboros matriarcal, à l'origine du développement du garçon comme de la fille, Neumann distingue l'Ouroboros patriarcal qui apparaît dans la phase suivante du développement féminin, en tant qu'aspect masculin de l'inconscient, qui s'empare impérieusement du Moi féminin et le subjugue dans une expérience numineuse et totale.

« La figure positive et négative de l'Ouroboros patriarcal constitue une des causes essentielles des problèmes que la psychanalyse a décrits au niveau personnel comme une expérience féminine du complexe d'Œdipe [...]. Souvent le rapport avec l'Ouroboros patriarcal se tient derrière des fantasmes d'inceste avec le père personnel, mais l'image archétypique avec laquelle l'union est expérimentée ici dépasse les caractéristiques du père personnel ou les exclut complètement. Le lien coercitif avec l'Ouroboros patriarcal n'est cependant pas, en tant que constellation archétypique, limité à la psyché infantile, mais il reste un problème même pour la femme adulte qui n'a pas dépassé ce stade[41]. »

PARTICIPATION MYSTIQUE — Terme utilisé par Lévy-Bruhl pour indiquer un lien psychologique particulier avec l'objet : le sujet n'est pas en mesure de se distinguer clairement de l'objet, mais se trouve avec lui dans un état d'identité partielle (voir *Identité*). La *participation mystique* est un résidu de l'unité originelle entre sujet et objet, que l'on ne rencontre pas seulement parmi les peuples primitifs, mais aussi parmi les peuples civilisés bien que de façon moins intense et moins diffuse.

Elle n'investit pas la totalité des rapports entre sujet et objet, mais seulement certains secteurs de la psyché dans certaines conditions : si, par exemple, en deux personnes le même complexe se trouve constellé au même moment, qui joue chez les deux un rôle déterminant, elles tombent dans un état d'identité partielle par rapport à ce complexe : « cette réalité consiste en une identité dans une inconscience commune[42] ». Chez les personnes civilisées en général on constate une *participation mystique* entre deux personnes, plus rarement entre une personne et une chose.

PERSONA — La *Persona* est un mot latin qui signifie « masque des acteurs ». Le masque porté par l'acteur indiquait le rôle qu'il jouait. La *Persona* au sens psychologique est l'attitude que nous adoptons face au monde extérieur, la façon dont nous voulons ou devons nous présenter et apparaître aux autres, selon les circonstances et les demandes du milieu.

La *Persona* représente le système d'adaptation à l'environnement ou la façon dont nous prenons contact avec le monde, et elle est généralement fortement modelée et influencée par le milieu. L'individu acquiert un titre, occupe un emploi et, selon les circonstances extérieures dans lesquelles il se trouve, il adopte les comportements correspondants et adéquats.

De même que chacun de nous endosse des habits différents selon les circonstances et les personnes qu'il doit rencontrer, la *Persona* change d'aspect de temps à autre, tendant à s'adapter à l'*ici et maintenant* du monde extérieur et aux valeurs collectivement acceptées. Ce n'est pas par hasard si dans les rêves la *Persona* est représentée par l'habit du rêveur.

POSSESSION — Dans l'état de possession la conscience égotique est envahie par des contenus inconscients déterminés qui la « possèdent », c'est-à-dire s'emparent d'elle, limitant, voire empêchant, sa liberté de décision et d'action. La possession provoque un abaissement de conscience dans lequel le Moi, saisi par un complexe autonome de l'inconscient (voir *Complexe*) reste passif, incapable de disposer librement de la libido qui afflue à son système (voir *Libido*).

Quand l'intensité d'un complexe s'accroît, la pensée et l'action conscientes suivent la direction du complexe. Il en résulte un appauvrissement temporaire de la personnalité. « Seul ce qui s'adapte au complexe suscite des émotions et est élaboré mentalement [...], toute l'énergie psychique est consacrée exclusivement au complexe aux dépens des autres matériaux psychiques qui restent donc inutilisés[43]. »

Dans la psychologie des primitifs, l'état de possession est provoqué par un démon ou un esprit par lequel la personnalité consciente est dominée et écrasée. La pratique de l'exorcisme au Moyen Age avait pour objectif de libérer les « obsédés » ou les « endiablés » que l'on croyait possédés par des démons.

Au-delà d'un certain point, l'état de possession devient si fort qu'il provoque une véritable maladie mentale. « Toujours et partout les aliénés furent regardés comme possédés par les mauvais esprits[44]. » Du point de vue psychologique les esprits et les diables sont des complexes autonomes inconscients qui, du fait qu'ils n'ont aucun lien avec le Moi, peuvent être considérés comme des personnalités indépendantes.

PROJECTION — La projection consiste à transférer inconsciemment un contenu subjectif inconscient sur un objet extérieur (une personne ou une chose). Le contenu inconscient projeté peut être pénible, désagréable, inacceptable, incompatible avec l'orientation consciente, mais aussi positif et précieux, quoique encore inaccessible au sujet à cause de ses problèmes personnels non résolus (par exemple un complexe d'infériorité, une estime de soi insuffisante, etc.). Nous avons donc des projections négatives ou positives, caractérisées respectivement par des vécus de répulsion ou d'attraction, selon le type de contenu qui est projeté.

En général, on peut reconnaître une projection lorsqu'on observe que l'affectivité (négative ou positive) dirigée vers la personne ou la chose, qui est l'objet de la projection même, est excessive par rapport à la situation réelle, c'est-à-dire entraîne des réactions extrêmes et des jugements de valeur correspondants (dévalorisants ou survalorisants) qui ne tiennent pas compte de la réalité et ne sont pas partagés par d'autres individus, qui ne projettent pas le même contenu inconscient sur l'objet.

PUER ET SENEX — Le terme *puer* apparaît souvent dans l'œuvre de Jung et de nombreux jungiens[45]. L'archétype de l'enfant divin ou du dieu enfant est largement diffusé dans les mythes, les contes de fées et les religions (Hermès-Mercure, Éros, Jésus enfant...) et préfigure le caractère de l'avenir, comme anticipation d'un développement futur et préparation d'un changement de la personnalité, dans un sens individuel : c'est pourquoi les rédempteurs mythiques sont souvent des enfants.

Tout commencement est toujours significatif et excitant, chargé d'émotion. Le *puer* est messager de significations nouvelles : c'est l'aventure dans le monde de l'esprit avec l'enthousiasme héroïque, la soif d'absolu et d'éternité, l'idéalisme et l'ardeur des débuts, l'amour de l'aventure et de l'envol. Le *puer* est toujours rebelle, contestataire, révolutionnaire par rapport aux valeurs collectives, à l'ordre constitué par la culture patriarcale (des pères) et à l'histoire (en tant que connaissance du passé, autorité des traditions et continuité culturelle) qui ne permettent pas au nouveau de faire irruption en toute liberté, sans aucun frein.

On trouve le caractère « antipatriarcal, ou plutôt antiautoritaire, antitraditionnel, innovateur, révolutionnaire[46] » dans de nombreux aspects des mouvements d'étudiants et de jeunes d'aujourd'hui.

L'archétype du *senex* exprime le principe de l'ordre constitué, du pouvoir patriarcal, des limites et des frontières, de la vie intérieure de l'introversion, de la mélancolie, de la connaissance aride et froide. Le dieu Kronos (Saturne) dévore ses enfants parce qu'il ne supporte pas la naissance de quelque chose de nouveau, il la craint comme menaçant son pouvoir absolu et tyrannique. « De vieilles attitudes et habitudes assimilent tout contenu nouveau ; d'une immuabilité extrême, il [saturne] dévore ses propres possibilités de renouvellement[47]. »

« [...] Le *senex* est là, dès l'origine, comme racine archétypique de constitution du Moi [voir *Moi*]. Il en rend possible la consolidation, lui donnant son pouvoir en tant qu'identité dans des frontières stables, en lui donnant sa tendance à l'expansion omnivore et rapace [...] avec le principe d'association à la conscience et, enfin, en lui donnant sa durée avec l'habitude, la mémoire, la répétition et le temps. Ces qualités — identité des frontières, association avec la conscience, continuité — que nous définissons pour le Moi, ont été données par Kronos-Saturne, le *senex*. En tant que *spiritus rector*, le *senex* confère la certitude de l'esprit, de sorte que l'on est amené à dire que l'évolution du Moi est une manifestation de l'esprit du *senex*, qui met de l'ordre et fortifie au sein du Moi avec une force coercitive telle qu'il doit être [...] une source instinctuelle de l'énergie du Moi[48]. »

SOI — Personnalité totale ; unité et totalité de la personnalité considérée dans son ensemble. Le *Soi* est une entité subordonnée au Moi en tant qu'il embrasse non seulement la psyché consciente, mais aussi la psyché inconsciente. On ne peut donc en connaître et décrire qu'une partie ; pour ce qui est de l'autre partie, on ne peut la connaître ni la délimiter.

Le *Soi* apparaît dans les rêves, dans les mythes et les contes de fées comme une « personnalité supérieure », c'est-à-dire comme roi, héros, sauveur, etc., ou bien sous forme d'images de totalité comme le cercle, le carré, la croix, le *mandala* (cercle magique oriental)... En tant que synthèse des opposés, il est couple unifié des contraires, jeu de lumière et d'ombre. Il est d'une numinosité considérable, c'est-à-dire qu'il suscite une émotion qui transcende les affects personnels et a un caractère religieux, comme si le *Soi* était quelque chose de sacré, de divin (voir *Numineux*). De fait, dans les religions il est représenté par l'image de Dieu, en tant que valeur transcendante qui dépasse les limites de la conscience égotique.

Quand l'image de Dieu apparaît dans des rêves, fantaisies, visions, elle doit être interprétée du point de vue psychologique comme une image du *Soi.* Dans l'expérience psychologique de l'individuation, le Moi se sent « objet d'un sujet inconnu qui l'englobe » auquel il « ne s'oppose pas et auquel il n'est point soumis, mais auquel il est adjoint[49] ».

NOTES

Introduction

1. C.G. Jung, *Problèmes de l'âme moderne*, Buchet-Chastel, Paris, 1960, p. 48.
2. Jung établit un parallèle entre psyché et soma, car chaque être humain contient, tant sur le plan psychologique que physique, la polarité opposée de l'autre sexe. Cf. C.G. Jung, *Psychologie et religion*, Buchet-Chastel, Paris, 1958.
3. « Donna senza età » in *Cosmopolitan*, mars 1978.
4. C.G. Jung, « La femme en Europe », in *Problèmes de l'âme moderne, op. cit.*

1. Le problème de l'autonomie de la femme dans la société occidentale

1. Séminaires de 1932, cités par B. Hannah, in *The Problem of Contact with Animus*, The Guild of Pastoral Psychology, 1962, n° 70, p. 12.
2. La projection a, depuis le commencement de l'histoire de l'humanité et les débuts du développement de la conscience, la fonction fondamentale de faire découvrir quelque chose d'absolument nouveau, dont on ne soupçonnait même pas l'existence.
3. C.G. Jung, « La femme en Europe », *op. cit.*, p. 279.
4. *Ibid.*, p. 277.
5. *Ibid.*, p. 278.
6. E. Harding, *Les Mystères de la femme*, Payot, Paris, 1976, p. 137 et p. 109-112.
7. R. Briffault, *The Mothers*, G. Allen & Unwin Ltd, Londres, 1927, vol 3, p. 169-171.
8. Avant notre civilisation patriarcale, et même dans certaines communautés primitives actuelles.

9. Par contre, chez les déesses qui représentent la contrepartie féminine d'une divinité masculine, leur dépendance au partenaire divin se remarque parfois à leur nom même : *Fauna* est la femme de *Faunus*, *Libera* la compagne de *Liber*, *Nout* celle de *Nou*. Il s'agit de l'archétype de la création d'Eve à partir de la côte d'Adam.

10. R. Kerényi, *Töchter der Sonne*, Rascher, Zurich, 1944.

11. H.F. Peters, *Ma sœur, mon épouse*, Gallimard, Paris, 1967, p. 282.

12. E. Jung, « *Animus* et *Anima* », in E. Jung et J. Hillman, *Anima et Animus*, Seghers, Paris, 1981, p. 108.

13. F. Alberoni, « Le tre facce del femminismo », in *Corriere della Sera*, 7-2-1978.

2. Éros *et* Animus

1. C.G. Jung, « La femme en Europe », *op. cit.*, p. 291.

2. B. Bettelheim, *Le Cœur conscient*, Laffont, Paris, 1972, p. 326.

3. *Ibid.*, p. 324.

4. B. Hannah, *The Problem of Contact with Animos*, p. 27.

5. C.G. Jung « La syzygie : *Anima* et *Animus* », in *Aïon*, Albin Michel, Paris, 1983, p. 28.

6. D'après Freud, l'envie du pénis marque de façon ineffaçable le développement et la formation du caractère et, même dans les cas les plus favorables, elle ne peut être surmontée sans un grave gaspillage psychique : l'évolution vers la féminité implique la résignation à son infériorité originelle, l'acceptation de son rôle passif, le développement de fortes impulsions masochistes et l'effort pour se dédommager de ce que Freud considère comme un manque réel.

7. *Id.* note 5.

8. C.G. Jung, *Dialectique du Moi et de l'Inconscient*, Gallimard, Paris, 1964, p. 185.

9. *Ibid.*, p. 188.

3. Le Moi féminin dans la culture patriarcale

1. E. Neumann, *Zur Psychologie des Weiblichen*, Rascher, Zurich, 1953.

2. *Ibid.*

3. T. Wolff, « Gedanken zum Individuationsprozess der Frau », in *Studien zu G.G. Jungs Psychologie*, Rhein-Verlag, Zurich, 1959, p. 257*sq.*

4. C.G. Jung, « Essai d'interprétation psychologique du dogme de la Trinité », in *Essai sur la symbolique de l'esprit*, Albin Michel, 1991, p. 210.

5. *Ibid.*, p. 79 et *Réponse à Job*, Buchet-Chastel, Paris, 1977, p. 109.

Cf. la nature « ignée » du Saint-Esprit, qui réchauffe toute chose avec le feu de l'amour (*Aurora Consurgens — Le lever de l'aurore*, édition, traduction et commentaire d'un traité alchimique attribué à saint Thomas d'Aquin par M.-L. von Franz, La Fontaine de Pierre, Paris, 1982, p. 164).

6. La double nature de Marie (Vierge et Mère) est paradoxale (ce qui est caractéristique du symbole, qui n'est jamais réductible à des concepts rationnels) et est un privilège divin dans les religions païennes (cf. p. 93 ch. 6).

7. La même chose peut arriver à l'homme quand il s'est identifié avec son *Anima*.

8. E. Neumann, *Zur Psychologie des Weiblichen, op. cit.*

9. *Ibid.*

10. Il s'agit du « Chant funèbre pour Ignazio Sanchez Mejías », in *Poésies*, Gallimard, Paris, 1956.

En réalité le vers dit : « Non, je ne veux pas le voir ! » — faisant allusion au sang du toréador mort sur le sable de l'arène.

« Non, je ne veux pas le voir », répété plusieurs fois, tel un refrain obsédant, exprime le refus du poète d'accepter la mort du toréador jeune, beau et apparemment indestructible.

La patiente s'était inconsciemment identifiée au toréador qui n'a pas réussi à tuer le taureau (dans une passion instinctuelle qui agit au niveau animal, dans la violence et la terreur, avec une fureur sauvage) et a été écrasé par cette force aveugle de la nature. En effet, le sacrifice du taureau dans le culte de Mithra de même que la lutte avec le taureau et sa mise à mort dans la corrida représentent la volonté de l'homme de sacrifier à ses propres passions animales primitives et la force irrésistible et incontrôlée de sa sexualité.

11. E. Neumann, *ibid.*

4. Maternité et avortement

1. C.G. Jung, K. Kerényi, *Introduction à l'essence de la mythologie*, Payot, Paris, 1980, p. 173 *sq.*

2. E. Neumann, *Zur Psychologie des Weiblichen.*

3. K. Kerényi, *Die Geburt der Helena*, Zurich, 1945.

4. M.-L. von Franz, *L'Ombre et le Mal dans les contes de fées*, La Fontaine de Pierre, Paris, 1980, p. 325. (Repris dans *L'Interprétation des contes de fées*, Albin Michel, Paris, 1995.)

5. Cette intelligence primitive, de caractère naturel et féminin plus que rationnel et masculin, est évidente chez Ulysse : pour les anciens Grecs, il était moins le héros de l'action dans la bataille qu'un esprit « naturel », admiré pour sa capacité de tromper ses ennemis (comme le montrent les épithètes qui le qualifient : « rusé », « malin » « au multiforme esprit », « aux mille ressources ») ; il

était le héros de la sagesse et de la patience. Ulysse se montre capable de réfréner ses passions et il est plus humain qu'Achille et Ajax (en d'autres termes il peut intégrer son *Anima*) ; quoique fort et courageux, il ne se distingue pas par l'agressivité primaire et la force propulsive et explosive, souvent destructrice, toute masculine, qui est la caractéristique particulière d'Achille et des autres héros de l'*Iliade*.

6. « Sulla famiglia — Secondi appunti. La madre », in *Quaderni Piacentini*, Plaisance, 1975, n° 55, p. 97.

7. L. Frontori, « Aborto e sentimento materno », in J. Kellerhals, W. Pasini, *Perchè l'aborto ?*, Mondadori, Milan, 1977, p. 327-328.

8. I. Magli, Préface de *Perchè l'aborto ?*, p. 14.

9. J. Kellerhals, W. Pasini, *op. cit.*, p. 265.

10. *Ibid.*, p. 72.

11. *Ibid.*, p. 257.

12. *Ibid.*, p. 219.

13. *Ibid.*, p. 270.

14. *Ibid.*, p. 271.

15. *Ibid.*, p. 284.

16. *Ibid.*, p. 289.

17. C. Baumann, « Seelische Erlebnisse im Zusammenhang mit der Geburt, eine Voruntersuchung », in *Schweizerische Zeitschrift für Psychologie und ihre Anwendungen*, Hans Hubert, Berne-Stuttgart, 1957, vol. 16, fasc. 2.

18. Jung distingue le *Soi* du Moi. Le *Soi* est la personnalité totale, qui comprend aussi bien la conscience que l'inconscient, et est aussi le centre régulateur de la personnalité entière, de même que le Moi est le centre de la conscience. (Voir *Soi* dans le glossaire.)

19. Dans diverses mythologies les Déesses Mères sont représentées avec un fuseau. Ishtar et la Grande Déesse en Syrie étaient des fileuses.

20. M. Moreno, *Problemi attuali di psicologia femminile*, ERI, Turin, 1971, p. 39.

5. *L'*Animus *individuel, ami du féminin, et l'*Animus *collectif de sceau patriarcal*

1. H. Binswanger, « Ego, Animus and Persona in the feminine Psyche », in *Harvest*, The Analytical Psychology Club, Londres, 1965.

2. M. Fraire, « Il movimento delle donne : due passi avanti, uno indietro », in *Quaderni Piacentini*, Plaisance, 1976, n°s 60-61.

3. *Ibid.*

4. Cf. *ibid.* : « L'habitude séculaire de la complicité avec ceux qui nous opprimaient constitue la base de la perpétuation d'une "fidé-

lité” aveugle et de notre incapacité à adopter un esprit critique par rapport aux institutions. »

5. M.-L. von Franz, *La Femme dans les contes de fées*, La Fontaine de Pierre, Paris, 1979, p. 182 ; Albin Michel, Paris, 1992.

6. H. Binswanger, « Ego, Animus and Persona in the feminine Psyche », *op. cit.* Voir aussi à ce sujet p. 62 ch. 5.

7. K. Horney, « La fuite devant la féminité », in *La Psychologie de la femme*, par J.B. Miller, Payot, Paris, 1981, p. 51.

8. *Ibid.*, p. 58.

9. C. Thompson, « Pressions culturelles dans la psychologie féminine », in *La Psychologie de la femme* par J.B. Miller.

10. G. Zilboorg, « Le masculin et le féminin : quelques aspects biologiques et culturels », *ibid.*

11. E. Harding, *Femmes de demain*, La Baconnière, Neuchâtel, 1946, p. 17-18.

12. *Ibid.*, p. 18.

13. S. Freud, « La féminité », in *Nouvelles conférences sur la psychanalyse (1932)*, Gallimard, Paris, 1936, p. 177.

14. C. Thompson, « De quelques effets de l'attitude dénigrante envers la sexualité féminine », *op. cit.*

15. H. Binswanger, « Ego, Animus and Persona in the feminine Psyche », *op. cit.*, p. 5-9.

16. C. Thompson, « Pressions culturelles dans la psychologie féminine », *op. cit.*

17. *Ibid.*

18. C.G. Jung, « La femme en Europe », *op. cit.*, p. 278.

19. Voir L. Comba, « Sulla famiglia — Primi appunti », in *Quaderni Piacentini*, p. 170 : « Nous avons tous d'innombrables exemples [...] du fait que les âpres revendications d'autonomie expriment une amère rancœur contre une autorité qui vit à l'intérieur de nous-mêmes. »

20. E. Jung, « *Animus* et *Anima* », in E. Jung et J. Hillman, *op. cit.*, p. 77-78.

*6. L'archétype de la femme « vierge » et la résistance à l'*Éros *en tant que réaction de la Grande Mère méditerranéenne à la culture patriarcale*

1. E. Harding, *Les Mystères de la femme*, p. 138.

2. T. Wolff, « Strukturformen der weiblichen Psyche », in *op. cit.*

3. *Id.*, « Gedanken zum Individuationsprozess der Frau », in *op. cit.*

4. R. Malamud, « The Amazon Problem », in *Spring*, Spring Publications, New York, 1971.

5. A ce propos, voir le mythe selon lequel un groupe d'Amazones

suivies par Dionysos fuirent à Samos où elles furent transformées en Ménades.

6. Appelées aussi Bacchantes, de Bacchus, autre nom du dieu.

7. De *manía*, qui signifie « folie », « fureur », dérive Ménades *(maínades)*, c'est-à-dire les « possédées », les « furies ».

8. R. Malamud, *op. cit.*, p. 4.

9. M.-L. von Franz, *L'Interprétation des contes de fées*, La Fontaine de Pierre, Paris, 1978, p. 210-211 ; Albin Michel, Paris, 1995.

10. Thésée enleva traîtreusement la sœur de la reine des Amazones, Antiope, après l'avoir invitée sur son navire. D'après un autre mythe, Hercule se rendit chez la reine des Amazones, Hippolyte, pour lui voler la ceinture qu'il devait porter à la fille d'Eurysthée. Ignorant ses intentions, Hippolyte voulut lui donner sa ceinture. Mais Héra fit courir le bruit que les Grecs voulaient ravir la reine, ce qui provoqua l'attaque armée des Amazones contre eux.

11. Homère, *Hymnes à Déméter (I), à Aphrodite (I), à Arès*, Les Belles Lettres, Paris, 1936, 1re éd.

12. *Ibid.*, *Hymne à Aphrodite (I)*, v. 1-44.

13. Platon, *Phèdre*, 247/a. Dans l'iconographie, Hestia est représentée assise ou debout, mais toujours statique, immobile et immuable.

14. L. Frobenius, *Der Kopf als Schicksal*, Munich, 1924, p. 88.

15. Primo Levi décrit la façon dont s'est manifestée cette caractéristique féminine pendant la période qu'il a vécue en tant que juif à la veille de sa déportation. Le 21 février 1944, les juifs réunis dans le camp de concentration de Fossoli apprirent qu'ils devraient partir le lendemain pour une destination inconnue. « Chacun prit congé de la vie de la façon qui lui convenait le mieux. Certains se mirent à prier, d'autres à boire plus que de raison, d'autres encore s'enivrèrent d'une ultime passion infâme. Mais les mères veillèrent pour préparer avec un tendre soin les mets pour le voyage, laver les petits, faire les bagages, et à l'aube les fils de fer barbelés étaient recouverts de linges d'enfants mis à sécher ; et elles n'oublièrent pas les langes, les jouets, les coussins, et les cent petites choses qu'elles connaissent si bien, et dont les enfants ont besoin dans tous les cas » (*Si c'est un homme*, Julliard, Paris, 1987).

16. M.-L. von Franz, *L'Ane d'or : Interprétation d'un conte*, La Fontaine de Pierre, Paris, 1973, p. 107-108.

17. Témoignage paru dans *Panorama*, 12-4-1977.

18. R. Malamud, *op. cit.*, p. 11.

19. *Ibid.*, p. 11.

20. *Ibid.*, p. 18.

21. *Id.*

22. *Ibid.*, p. 9.

23. C'est ainsi que l'appelle Ovide.

24. Euripide, *Hippolyte*, Les Belles Lettres, Paris, 1927, t. II, 1re éd., v. 1328-1330.

25. Voir p. 99-100.

26. R. Malamud, *op. cit.*, p. 19. Cf. M.-L. von Franz, *Aurora consurgens...*, p. 190.

27. Pour se rendre compte du niveau de « confort » de cette situation, il suffit de penser à l'énorme « inconfort » créé par les pressions culturelles adverses dans lequel vivent les mouvements féministes, ainsi qu'aux frustrations, au mépris, aux railleries, dont ils sont l'objet.

28. W. Otto, *Les Dieux de la Grèce*, Payot, Paris, 1981, p. 49.

29. E. Neumann, « Die Angst vor dem Weiblichen », in *Die Angst*, Rascher, Zurich-Stuttgart, 1959, p. 67-68.

30. Hésiode, *Théogonie*, Les Belles Lettres, Paris, v. 278-279, 1928, 1re éd.

31. K. Kerényi, *Die Mythologie der Griechen*, Rhein, Zurich, 1951.

32. E. Neumann, *The Great Mother*, Routledge & Kegan Paul, Londres, 1955, p. 321.

33. L'abeille est associée à Déméter, Artémis, Perséphone. La ruche est un attribut de la Grande Mère (Déméter, Cérès). Les abeilles bourdonnent autour de l'idylle d'Aphrodite et d'Anchise.

34. J. Campbell, *Le Héros aux mille et un visages*, R. Laffont, Paris, 1978, p. 99-100.

35. *The Gospel of Sri Ramakrishna*, trad. angl. de Swami Nikhilananda, New York, 1942, p. 9.

36. I. Magli, *La Donna. Un problema aperto*, Vallecchi, Florence, 1974, p. 71.

37. « La différenciation ou "fragmentation" d'un archétype correspond au processus de développement de la conscience qui tend à s'éloigner de l'inconscient : la conscience du Moi expérimente les archétypes l'un après l'autre, se protégeant ainsi de l'action de l'archétype primordial dans sa totalité indifférenciée, paradoxale, contradictoire et imprévisible, "toujours nouvelle, toujours diverse, toujours inattendue" de façon à ne plus en être désorientée, bouleversée et écrasée.

« L'action de l'archétype primordial de la Grande Mère se fonde sur un état originel dans lequel tout est intrinsèquement mêlé à tout, indistinct, fluide et insaisissable. C'est ensuite seulement qu'émergent de ce fond unitaire des images qui forment un groupe d'archétypes et de symboles liés entre eux qui gravitent autour de ce centre indescriptible. La multiplicité des images, des qualités et des symboles est déjà le produit de la fragmentation effectuée par une conscience qui perçoit, discrimine, sépare et enregistre à distance. *Determinatio est negatio.* A la multiplicité des images correspond maintenant une multiplicité d'attitudes et de réactions possibles de la conscience, qui contraste avec la réaction globale et unitaire de l'homme primitif [...]. La différenciation (des archétypes) est due uniquement à la variété d'attitudes que la conscience peut assumer [...]. Le renforcement de la conscience et l'élargissement de son rayon d'action modifient aussi la façon dont se manifeste l'inconscient. La croissance de la conscience et des énergies à sa disposition mène à une différenciation accrue et à une vision plus claire de l'archétype et de la trame archétypique des symboles [...]. Une divinité primordiale anonyme et amorphe terrifie au-delà de toute expression : elle est formidable et inabordable, incompréhensible et inaccessible. Le Moi appréhende sa nature amorphe comme quelque chose d'inhumain, d'hostile à l'homme, si tant est qu'il tente l'impossible entreprise d'en faire l'expérience. C'est pourquoi le caractère inhumain de la divinité est souvent représenté au début par un animal monstrueux, une créature hybride, hideuse et cruelle. Ce monstre exprime l'incapacité du Moi d'appréhender l'absence originelle de forme et l'étrangeté du divin. Plus le monde des dieux devient anthropomorphe, plus il se rapproche du Moi, mais aussi plus il perd son caractère bouleversant. Les dieux olympiques sont plus humains et plus familiers que la figure divine du chaos primordial.

« Au cours de ce processus, la divinité primordiale se divise en plusieurs divinités qui ont chacune leur individualité. Maintenant le divin est appréhendé et révélé sous autant d'aspects qu'il y a de dieux. De sorte que la capacité d'expression et de compréhension du Moi augmente démesurément. La différenciation croissante des cultes montre que l'homme a désormais appris à entrer en contact avec la divinité représentée par des dieux différents. Il sait ce qu'ils veulent et comment les traiter » (E. Neumann, *Ursprungsgeschichte des Bewusssteins*, Rhein, Zurich, 1949).

38. Tammuz est le très jeune et très bel amant d'Ishtar, Attis de Cybèle, Adonis d'Aphrodite, celui qui meurt et renaît chaque année, dans l'éternel cycle saisonnier de la végétation ; celui qui, en tant que fils de la terre, tombe sous la faux des moissonneurs.

39. *Hymne à Déméter.*

40. Cf. E. Neumann, *The Great Mother*, p. 308.

41. C.G. Jung, K. Kerényi, « Coré », in *Introduction à l'essence de la mythologie*, p. 172.

42. Naturellement cela n'est vrai que lorsque le développement a été suffisamment normal, dans le sens de la résolution du complexe maternel. Si, par contre, un homme est victime d'un complexe maternel trop fort, son Moi reste faible, passif, infantilement irresponsable, et dans son inconscient se cache la sorcière dévorante, qui suscite son angoisse, interdisant la sexualité.

« L'image de la mère terrible peut conduire à la masturbation, à l'impuissance réelle et symbolique, à l'autocastration, au suicide, etc. Il est indifférent que cette image reste inconsciente ou soit projetée : dans les deux cas la représentation du coït, de l'union avec le féminin, met en mouvement l'angoisse de castration (E. Neumann, *Ursprungsgeschichte des Bewusstseins*).

Dans un tel cas l'homme, n'ayant pas structuré un *Logos* masculin assez adulte et indépendant, est privé du « privilège naturel » de la distance par rapport à l'*Éros* : si son image intérieure du féminin est projetée sur une femme dans une relation amoureuse, il est exposé à tous les risques, y compris le suicide, d'une passion bouleversante.

43. C.G. Jung, « La femme en Europe », *op. cit.*, p. 299.

44. Aphrodite était une vierge (« Firmicus maternus », *De errore profanarum religionum*, in Migne, *Patrologiae Latinae Cursus Completus*, vol. 12, col. 989). Dans les structures religieuses matriarcales, la signification originelle du terme vierge était « non mariée, libre du lien matrimonial » (R. Briffault, *op. cit.*, vol. 3, p. 169-170). Le double caractère de vierge guerrière et de déesse de l'amour et de la volupté existait déjà chez la déesse babylonienne Ishtar (l'Astarté des Phéniciens) à laquelle Aphrodite fut identifiée.

45. L. Andreas Salomé, *Ma vie — Esquisse de quelques souvenirs*, P.U.F., Paris, 1977, p. 104.

46. *Ibid.*, p. 27.

47. Voir la statue d'Artémis *polýmastos* conservée au Musée de Naples.

48. Cybèle était la Grande Mère asiatique des dieux et la « Dame aux fauves » (K. Kerényi, *Töchter der Sonne*).

49. W. Otto, *op. cit.*, p. 119-120.

50. Euripide, *Médée*, Les Belles Lettres, Paris 1926, t. I, 1re éd., v. 632 *sq.*

51. Homère, *Iliade*, III, Les Belles Lettres, Paris, 1937-1942, 1re éd., v. 176.

52. *Ibid.*, III, v. 399 *sq.*

53. *Ibid.*, VI, v. 344.

54. *Ibid.*, XXIV, v. 775.

55. *Ibid.*, VI, v. 345.

56. *Ibid.*, III, v. 174-175.

57. Euripide, *Hippolyte*, v. 443-446.

58. *Ibid.*, v. 24-28 et v. 47-50.

59. Hippolyte, Narcisse, etc.

60. N. Ginzburg, *La route qui mène à la ville*, Denoël, Paris, 1983.

61. *Ibid.*, p. 110-111.

62. *Ibid.*, p. 119.

63. *Id.*

64. *Ibid.*, p. 122-123.

65. *Ibid.*, p. 130.

66. *Ibid.*, p. 155.
67. *Ibid.*, p. 182-183.
68. *Ibid.*, p. 185.
69. *Ibid.*, p. 185-186.
70. Alberto se moque ici de sa femme, qui, à son avis, dramatise trop la situation, en citant deux vers célèbres de Dante Alighieri (*La Divine Comédie*, « Purgatoire », I, v. 71-72), où il remplace le mot « liberté » par « vérité ».
71. *Ibid.*, p. 193.
72. I. Magli, in *Corriere della sera*, 1976.

7. Animus-senex *et* Animus-puer

1. E. Jung, « *Animus* et *Anima* » *op. cit.*, p. 67 *sq.*
2. Voir ch. 4.
3. Voir chap. 6 p. 79-80. Ce que je viens de dire pourrait sembler contredire la définition habituelle de l'*Animus* — en tant qu'aspect masculin de la femme, porteur d'éléments du *Logos* et de l'esprit, et non de l'*Éros*. Mais il faut garder présent à l'esprit le fait qu'une définition trop rigide d'une image intérieure fait obstacle tant à ses possibilités de manifestation et de développement qu'à la compréhension de sa signification dans les rêves et dans l'imagination active. La meilleure attitude consiste peut-être à considérer l'*Animus* chez la femme (et l'*Anima* chez l'homme) comme une expression de tout l'inconscient de signe opposé au Moi. De la sorte on respecte, tant dans l'*Animus* que dans l'*Anima*, cette « prégnance » porteuse de valeurs nouvelles qui stimule l'évolution transformatrice de la personnalité.

   On pourrait définir l'*Animus* comme la façon de voir la vie : il pourra donc, compensant l'attitude du Moi, prendre des connotations objectivantes et spirituelles chez la femme trop féminine ou maternelle, et, chez la femme trop rationnelle, qui n'a pas assez développé son *Éros*, il aura, comme dans le cas de ma patiente, des caractéristiques sexuelles et érotiques et se présentera comme l'« amant » du Moi féminin.
4. C'est-à-dire au partenaire.

8. Principe féminin et principe masculin

1. E. Neumann, *Ursprungsgeschichte des Bewussteins.*
2. Cf. *id.*, in *Zur Psychologies des Weiblichen* : « Le féminin est dévalué dans la mesure où, pour l'homme, il est lié et identifié aux forces de l'inconscient. »
3. E. Neumann, *Ursprungsgeschichte des Bewussteins.*
4. E. Neumann, *Zur Psychologie des Weiblichen.*

5. *Id.*
6. *Id.*
7. *Id.*
8. Voir chap. 7 p. 113-116.
9. E. Jung, « *Animus* et *Anima* », *op. cit.*, p. 91.
10. C.G. Jung, *Les Racines de la conscience*, Buchet-Chastel, Paris, 1971, p. 504.
11. *Ibid.*, p. 506.
12. *Ibid.*, p. 507.
13. *Ibid.*, p. 514-515.
14. M.-L. von Franz, *Aurora Consurgens...*, p. 179.
15. E. Neumann, *Zur Psychologie des Weiblichen.*
16. C.G. Jung, *Réponse à Job*, Buchet-Chastel, Paris, 1977, p. 82.
17. I. Magli, *La Donna...*, p. 68 *sq.*
18. *Ibid.*, p. 69.
19. *Ibid.*, p. 70-71.
20. *Ibid.*, p. 79.
21. M.-L. von Franz, *Aurora consurgens...*, p. 198. Quant à ce qui suit, voir aussi *ibid.*, p. 163-165, 201, 249.
22. *Ennoia* signifie « pensée, réflexion, *insight* », et aussi « sens, capacité de compréhension et de conscience ».
23. M.-L. von Franz, *op. cit.*, p. 198.
24. Voir Joachim de Flore, *Concordia*, V, ch. 93 (Hahn, III, p. 321) et Grégoire le Grand, *Moralia*, livre 27 ch. 37, sect. 63 (Migne, P.L., vol. 76, col. 436). Le Saint-Esprit est descendu sur les Apôtres sous la forme de langues de feu.
25. I. Magli, *op.cit.*, p. 23.
26. *Ibid.*, p. 24.
27. E. Neumann, *The Great Mother*, p. 330-331.
28. G. Benedetti, « Analisi dei processi di miglioramento e di guarigione nel corso della psicoterapia », in *Arch. di Psicol. Neurol. e Psich.*, 1956, 17e année, fasc. 5, p. 977 *sq.*
29. *Ibid.*, p. 973-974.
30. Cf. C.G. Jung, *Réponse à Job*, p. 82. : « En fait, encore aujourd'hui, l'homme peut supporter mieux et plus longtemps une perfection relative alors qu'en règle générale, la femme s'en trouve assez mal, cette perfection relative pouvant même lui devenir dangereuse. »
31. *Enantiodromie* signifie « course dans l'opposé ». Jung désigne ainsi la manifestation du principe opposé inconscient, due à l'unilatéralité de la direction consciente.
32. C.G. Jung, *Réponse à Job*, p. 91.
33. C.G. Jung, *La Guérison psychologique* (correspondance C.G. Jung-R. Loy), Georg, Genève, 1976, p. 176.
34. *Ibid.*, p. 170.

35. G. Cesareo, *La Contraddizione femminile*, Editori Riuniti, Rome, 1977, p. 339.
36. *Ibid.*, p. 339-340.
37. *Ibid.*, p. 344-345.
38. *Ibid.*, p. 345.
39. C.G. Jung, « Le mariage, relation psychologique », in *Problèmes de l'âme moderne*, p. 308.
40. *Ibid.*, p. 309.
41. C.G. Jung, *Réponse à Job*, p. 175-176.

Appendice

1. M.-L. von Franz, *La Femme dans les contes de fées*, p. 171 *sq.*
2. L'« auto-Rorschach » est un essai d'intégration du test de Rorschach consistant à proposer au sujet — après qu'il a fourni les réponses aux taches selon la procédure classique — de reproduire graphiquement les réponses déjà données, ou quelques-unes d'entre elles, ou de nouvelles réponses apparues après, en prenant comme point de départ les tables du test.
3. La patiente avait fait les commentaires suivants sur sa peinture : « Deux "petits bonshommes", avec un capuchon et un manteau, avec les mains noires comme des tenailles, tendues vers quelque chose, qui pourrait bien être aussi une femme sans tête, divisée en deux : cette femme c'est moi. Les mains pourraient être aussi celles de la femme, levées vers le ciel dans un appel à l'aide. »
4. M.-L. von Franz, *L'Interprétation des contes de fées*, p. 220 *sq.*
5. *Ibid.*, p. 224.
6. *Ibid.*, p. 205.
7. *Id.*
8. *Ibid.*, p. 203.
9. *Ibid.*, p. 202.
10. H. Binswanger, « Positive aspects of the Animus », in *Spring*, Spring Publications, New York, 1963.
11. Voir p. 79-80 ch. 6.
12. M.-L. von Franz, *L'Ombre et le Mal dans les contes de fées*, p. 369. Voir aussi M.-L. von Franz, *L'Interprétation des contes de fées*, p. 211 *sq.*
13. M.-L. von Franz, *L'Interprétation des contes de fées*, p. 211 et p. 225, et *l'Ombre et le Mal dans les contes de fées*, p. 380.
14. Cf. à ce sujet la coutume de jeter derrière soi des objets contre la mort, contre les esprits ou le diable, pour se rendre propices des forces que l'on n'ose pas affronter.
15. Cercle magique utilisé en Orient comme moyen de concentration et de méditation. D'après Jung le « mandala » est une image de la totalité de la psyché (voir *Soi* dans le glossaire).
16. M.-L. von Franz, *L'Ombre et le Mal dans les contes de fées*, p. 382.

17. M.-L. von Franz, *L'Interprétation des contes de fées*, p. 228 *sq.*

18. Cette situation illustre bien ce qui se passe dans l'imagination active. Quand on se met face aux images de l'inconscient, il faut toujours partir de ses propres problèmes réels et de la réalité dans laquelle nous vivons. L'imagination active ne doit pas servir à nous isoler du monde, mais nous aider à résoudre les problèmes que la vie nous pose.

19. Le feu est un symbole de transformation et de régénération : le phénix (oiseau sacré égyptien, symbole de résurrection pour les chrétiens) brûle dans le feu pour renaître de ses propres cendres.

20. M.-L. von Franz, *L'Interprétation des contes de fées*, p. 230.

21. Voir le conte de *La Femme qui épousa la Lune et le Kélé*, dans lequel l'héroïne découvre la femme obscure et de cette façon la tue (p. 146-147).

22. M.-L. von Franz, *La Femme dans les contes de fées*, p. 195 *sq.*

23. *Stern-blumen*, angl. *star-flowers*. Il s'agit de l'*Aster Amellus*, plante dont la fleur, en forme d'étoile, est jaune (lat. *aster* = étoile).

24. Dans le mythe, Coronis, enceinte d'Asclépios (Esculape) par l'œuvre d'Apollon, a été confiée par le dieu à la garde d'un corbeau blanc. Mais Coronis trahit Apollon avec l'Arcadien Ischys, et Apollon maudit le corbeau parce qu'il n'avait pas aveuglé Ischys à coups de bec pour l'empêcher de se coucher auprès de Coronis. A la suite de cette malédiction d'Apollon, les plumes du corbeau devinrent noires.

25. Cf. la *nigredo* alchimique, appelée aussi *caput corvi.*

26. Le prophète Élie a été nourri par des corbeaux (Livre des Rois, I, 17, 6).

27. M.-L. von Franz, *La Femme dans les contes de fées*, p. 213.

28. La femme malveillante du roi dans *Les Six Cygnes* et l'*Anima* négative du père dans *Les Sept Corbeaux.*

29. Pour le moment, la femme est arrivée seulement à ne plus pouvoir s'identifier aux contenus symboliques élaborés sur elle, qui l'ont objectivée et réduite à n'être qu'un signe. Par exemple, elle a réussi à sublimer la fonction matrimoniale, la privant de ses effets sociaux, dans les « noces avec le Christ » des religieuses, mais elle n'est parvenue ni à l'abolir ni à la nier.

30. I. Magli, *La Donna...*, p. 98.

31. Voir ci-dessus note 23.

32. Dans la Grèce antique, les « mystères » étaient des rites d'initiation secrets (« mystère » et « mysticisme » viennent du grec *myo* = je me ferme, je suis fermé, je garde la bouche close).

33. Voir p. 40.

34. Voir p. 36-37.

Glossaire

1. C.G Jung, *Coll. Works,* 1964, vol. 10, p. 449.
2. Voir M.-L. von Franz, *La Femme dans les contes de fées, passim.*
3. E. Neumann, *Ursprungsgeschichte des Bewusstseins.*
4. *Id.*
5. C.G Jung, *Dialectique du Moi et de l'Inconscient,* p. 117.
6. *Ibid.*, p. 118.
7. C.G. Jung, *Types psychologiques,* Georg, Genève, 1968, p. 418.
8. *Ibid.*, p. 418.
9. J. Jacobi, *La Psychologie de Carl G. Jung,* Editions du Mont-Blanc, Genève, 1964, p. 68.
10. C.G. Jung, *Problèmes de l'âme moderne,* p. 201.
11. Voir *Logos.*
12. Lat. *spiritus* = souffle, air, respiration, esprit vital, *anima.* Cf. le grec *pneûma* = souffle, vent, respiration, souffle de vie, âme. Le latin *animus* (comme *anima*) est étymologiquement apparenté au grec *ánemos* = vent.
13. C.G. Jung, « Pour une phénoménologie de l'esprit dans les contes », in *Essais sur la symbolique de l'esprit,* Albin Michel, 1991, p. 91.
14. *Ibid.*, p. 93.
15. *Ibid.*, p. 94.
16. B. Hannah, « Some Remarks on Active Imagination », in *Spring,* Spring Publications, New York, 1953, p. 55.
17. C.G. Jung, « La fonction transcendante », in *L'Ame et le Soi,* Albin Michel, Paris, 1990.
18. M.-L. von Franz, *L'Ombre et le Mal dans les contes de fées,* p. 325.
19. E. Neumann, *Ursprungsgeschichte des Bewusstseins.*
20. *Id.*
21. J.J. Bachofen, *Urreligion und antike Symbole,* Leipzig, 1926, vol. 2, p. 359 (cité par Neumann, *op. cit.*).
22. C.G. Jung, *Types psychologiques,* p. 431.
23. *Ibid.*, p. 432.
24. *Ibid.*, p. 448.
25. C.G. Jung, *Les Racines de la conscience,* p. 501.
26. C.G. Jung, *L'Énergétique psychique,* Georg, Genève, 1973, p. 98-99.
27. C.G. Jung, *Types psychologiques,* p. 448.
28. C.G. Jung, *L'Énergétique psychique,* p. 99.
29. C.G. Jung, *Aïon,* p. 19.
30. C.G. Jung, *Types psychologiques,* p. 434.
31. *Ibid.*, p. 450.
32. Voir *Identité.*
33. C.G. Jung, *Types psychologiques,* p. 451.

34. R. Otto, *Le Sacré*, Payot, Paris, 1949.
35. C.G. Jung, *Ma vie — Souvenirs, rêves et pensées*, Gallimard, Paris, 1966, p. 459.
36. Il convient de préciser ici que l'expérience de tout archétype est numineuse pour le Moi.
37. C.G. Jung, *Aïon*, p. 286.
38. E. Neumann, *Ursprungsgeschichte des Bewusstseins.*
39. *Id.*
40. E. Neumann, *Zur Psychologie des Weiblichen.*
41. *Id.*
42. C.G. Jung, *Problèmes de l'âme moderne*, p. 50.
43. C.G. Jung, *Ges. Werke*, vol. 3.
44. C.G. Jung, L'*Énergétique psychique*, p. 236.
45. Voir à ce sujet une œuvre particulièrement intéressante de M.-L. von Franz, *The Problem of the Puer Aeternus*, Spring Publications, New York, 1970.
46. M. Moreno, *Psycodinamica della contestazione*, ERI, Turin, 1969, p. 100.
47. J. Hillman, « Senex et puer », *Cahiers de psychologie jungienne*, Paris, n° 18, sept. 1978, p. 39.
48. *Ibid.*, p. 42.
49. C.G. Jung, *Dialectique du Moi et de l'Inconscient*, p. 246-247.

BIBLIOGRAPHIE

ANDRÉAS-SALOMÉ L., *Ma vie — Esquisse de quelques souvenirs*, P.U.F., Paris, 1977.

BACHOFEN J. J., *Urreligion und antike Symbole*, Leipzig, 1926.

BAUMANN C., « Seelische Erlebnisse im Zusammenhang mit der Geburt : eine Voruntersuchung », in *Schweizerische Zeitschrift für Psychologie und ihre Anwendungen*, Hans Huber, Berne-Stuttgart, 1957, vol. 16, fasc. 2.

BENEDETTI G., « Analisi dei processi di miglioramento e di guarigione nel corso della psicoterapia », in *Arch. di Psicol. Neurol. e Psich.*, 1956, 17ᵉ année, fasc. 15.

BETTELHEIM B., *Le Cœur conscient*, Laffont, Paris, 1972.

BINSWANGER H., « Positive aspects of the Animus », in *Spring*, Spring Publications, New York, 1963.

— « Ego, Animus and Persona in the Feminine Psyche », in *Harvest*, The Analytical Psychology Club, Londres, 1965.

BRIFFAULT R., *The Mothers*, Allen & Unwin, Londres, 1927.

CAMPBELL J., *Le Héros aux mille et un visages*, Laffont, Paris, 1978.

CESAREO G., *La Contraddizione femminile*, Editori Riuniti, Rome, 1977.

COMBA L., « Sulla famiglia — Primi appunti », in *Quaderni Piacentini*, 1974, 53-54. « Sulla famiglia — Secondi appunti », in *ibid.*, 1975, 55.

EURIPIDE, *Médée*, Les Belles Lettres, Paris, 1926, tome I, 1ʳᵉ éd.

— *Hippolyte*, Les Belles Lettres, Paris, 1927, tome II, 1ʳᵉ éd.

FRAIRE M., « Il movimento della donna : due passi avanti, uno indietro », in *Quaderni Piacentini*, 1976, p. 60-61.

FREUD S., « La féminité », in *Nouvelles conférences sur la psychanalyse (1932)*, Gallimard, Paris, 1936.

FROBENIUS L., *Der Konf als Schiksal*, Munich, 1924.

GARCÍA LORCA F., « Lamento per Ignazio Sánchez Mejías », in *Poésie*, Gallimard, Paris, 1956.

GINZBURG N., *La route qui mène à la ville*, Denoël, Paris, 1983.

HANNAH B., « Some Remarks on Active Imagination », in *Spring*, Spring Publications, New York, 1953.

— *The Problem of Contact with Animus*, The Guild of Pastoral Psychology, 1962, n° 70.

HARDING E., *Femmes de demain*, La Baconnière, Neuchâtel, 1946.

— *Les Mystères de la femme*, Payot, Paris, 1976.

HÉSIODE, *Théogonie*, Les Belles Lettres, Paris, 1928, 1re éd.

HILLMAN J., « Senex et puer », in *Cahiers de psychologie jungienne*, Paris, n° 18, 1978.

HOMÈRE, *Iliade*, Les Belles Lettres, Paris, 1re éd. 1937-1942.

Hymnes homériques à Déméter (I), à Aphrodite (I), à Arès, Les Belles Lettres, Paris, 1936, 1re éd.

HORNEY K., « La fuite devant la féminité », in *La Psychologie de la femme*, par J.B. Miller, Payot, Paris, 1981.

JACOBI J., *La Psychologie de C.G. Jung*, Mont-Blanc, Genève, 1964.

JUNG C.G., *Psychologie et religion*, Buchet-Chastel, Paris, 1958.

— *Gesammelte Werke*, vol. III, Walter Verlag, 1968-1985.

— *Problèmes de l'âme moderne*, Buchet-Chastel, Paris, 1960.

— *Dialectique du Moi et de l'Inconscient*, Gallimard, Paris, 1964.

— *Ma vie — Souvenirs, rêves et pensées*, recueillis par Aniéla Jaffé, Gallimard, Paris, 1966.

— *Types psychologiques*, Georg, Genève, 1968.

— *Les Racines de la conscience*, Buchet-Chastel, Paris, 1971.

— *L'Énergétique psychique*, Georg, Genève, 1973.

— *La Guérison psychologique*, Georg, Genève, 1976.

— *Réponse à Job*, Buchet-Chastel, Paris, 1977.

— *Aïon*, Albin Michel, Paris, 1983.

— *L'Ame et le Soi*, Albin Michel, 1990.

— *Essai sur la symbolique de l'esprit*, Albin Michel, 1991.

JUNG C.G. et KERÉNYI K., *Introduction à l'essence de la mythologie*, Payot, Paris, 1980.

JUNG E., « *Animus* et *Anima* », in JUNG E. et HILLMAN J., *Anima et Animus*, Seghers, Paris, 1981.

KELLERHALS J. et PASINI W, *Perché l'aborto ?*, Mondadori, Milan, 1977.

KERÉNYI K., *Töchter der Sonne,* Rascher, Zurich, 1944.
— *Die Mythologie der Griechen,* Rhein, Zurich, 1951.
— *Die Geburt der Helena,* Zurich, 1945.
LEVI P., *Si c'est un homme,* Julliard, Paris, 1987.
MAGLI I., *La Donna — Un problema aperto,* Vallechi, Florence, 1974.
MALAMUD R., « The Amazon Problem », in *Spring,* Spring Publications, New York, 1971.
MORENO M., *Psicodinamica della contestazione,* ERI, Turin, 1969.
— *Problemi attuali di psicologia femminile,* ERI, Turin, 1971.
NEUMANN E., *Ursprungsgeschichte des Bewusstseins,* Rhein, Zurich, 1949.
— *Zur Psychologie des Weiblichen,* Rascher, Zurich, 1953.
— *Die Grosse Mutter,* Rhein, Zurich, 1956. (*The Great Mother,* Routledge & Kegan Paul, Londres, 1955.)
— « Die Angst vor dem Weiblichen », in *Die Angst,* Rascher, Zurich-Stuttgart, 1959.
OTTO R., *Le Sacré,* Payot, Paris, 1949.
OTTO W., *Les Dieux de la Grèce,* Payot, Paris, 1981.
PETERS H.F., *Ma sœur, mon épouse,* Gallimard, Paris, 1967.
THOMPSON C., « Pressions culturelles dans la psychologie féminine », in *La Psychologie de la femme,* par J.B. Miller, Payot, Paris, 1981. « De quelques effets de l'attitude dénigrante envers la sexualité féminine », in *ibid.*
VON FRANZ M.-L., *The Problem of the Puer Aeternus,* Spring Publications, New York, 1970.
— *L'Interprétation des contes de fées,* La Fontaine de Pierre, Paris, 1978 ; Albin Michel, Paris, 1995.
— *L'Âne d'or — Interprétation d'un conte,* La Fontaine de Pierre, Paris, 1978.
— *La Voie de l'individuation dans les contes de fées,* La Fontaine de Pierre, Paris, 1978.
— *La Femme dans les contes de fées,* La Fontaine de Pierre, Paris, 1979 ; Albin Michel, Paris, 1992.
— *L'Ombre et le Mal dans les contes de fées,* La Fontaine de Pierre, Paris, 1980. (Repris dans *L'Interprétation des contes de fées,* Albin Michel, Paris, 1995.)
— *Aurora consurgens — Le lever de l'aurore,* édition, traduction et commentaire d'un traité alchimique attribué à saint Thomas d'Aquin, La Fontaine de Pierre, Paris, 1982.

WOLFF T., *Studien zu C.G. Jungs Psychologie*, Rhein-Verlag, Zurich, 1959.

ZILBOORG G., « Le masculin et le féminin : quelques aspects biologiques et culturels », in *La Psychologie de la femme*, par J.B. Miller, Payot, Paris, 1981.

INDEX DES NOMS D'AUTEURS

TABLE

« Bibliothèque jungienne »
Collection dirigée par Michel Cazenave

ŒUVRES DE JUNG

Commentaire sur le Mystère de la Fleur d'Or
La Psychologie du transfert
Mysterium conjunctionis (2 vol.)
Aïon. Études sur la phénoménologie du Soi
Psychologie et orientalisme
Synchronicité et Paracelsica
La Vie symbolique. Psychologie et vie religieuse
L'Âme et le Soi. Renaissance et individuation
Essais sur la symbolique de l'esprit
Correspondance, 1906-1961 (5 vol.)

ESSAIS

Perspectives jungiennes, Luigi Aurigemma
La Blessure de Narcisse, Geneviève Guy-Gillet
Psychanalyse et alchimie, Robert Grinnell
La Légende du Graal, Emma Jung et Marie-Louise von Franz
Le Sacrifice, fondateur de civilisation et d'individuation, Pierre Solié

www.ingramcontent.com/pod-product-compliance
Lightning Source LLC
Chambersburg PA
CBHW071442230926
51846CB00001B/317
* 9 7 8 2 2 2 6 2 4 6 3 6 3 *